JN085148

現代の企業倫理

文　載皓 ［著］

創 成 社

はしがき

21世紀のあらゆる組織で「倫理」が問われている。かつては組織の長である経営者という限られた階層にしか要求されなかったこの倫理は，今日においては企業存続のための主要な要因として組織成員全体にも及んでいる。

1990年代半ばに大学院生として企業倫理について勉学に励んだ筆者は，他の研究室の先生たちからの企業倫理に対する冷淡な視線を覚えている。しかし，近年マスコミやインターネットはもちろん，経営学分野においても組織の倫理が飛び交っている様相を見ると，隔世の感を覚える。

いわゆる「○○すべきである」という論調で私たちに倫理を押し付けた規範倫理学の時代はもう終わったといっても過言ではない。むしろ高い倫理性や社会性を標榜し，当該組織の評判を高めるため経営戦略の一環として利用する動向はもはやニュートレンドではない。

西洋の学問として1990年代以後，輸入された企業倫理，企業の社会的責任（CSR），CSV，SDGs，パーパス経営などは日本の企業社会では馴染み深い言葉に化けた。

一方で，「和の文化」を脅かすものとして内部告発や内部通報などの新たな組織文化は，日本社会においてしっかり定着しているようにも見える。実際に，それらは近年の企業不祥事が暴露される主な原因となっている。かつて「三種の神器」として日本の経営を支えてきた終身雇用制，年功序列，企業内組合が崩壊している状況の中で，コーポレートガバナンス上の課題も山積している。

本書では，企業倫理という大きなテーマを主軸に理論と実践の考察を行う。さらに，その隣接領域との関連性についても探る。本書は全体として3部で構成されているが，各々4章ずつその詳細が記述されている。具体的には，第1部（企業倫理の基本，第1章〜第4章），第2部（企業倫理の実践，第5章〜第8章），第3部（企業倫理の応用，第9章〜第12章）について検討した。第1部と第2部で

は企業倫理のオーソドックスな理論とその実践について触れたのに対し，第3部では環境経営，テレワーク，情報倫理という新たな分析視点を取り入れ，企業倫理との接点を探ろうとしている。

　さらに，各章の冒頭に「学習目標」を設けたり，各章で取り上げたテーマと関連するケースを取り上げたりして，アクティブラーニングの手法として注目されているグループディスカッションの機会も与えている。

　最後に，本書のために献身的にサポートしてくれた創成社の塚田尚寛社長と編集担当の西田徹さんに深甚なる感謝の意を表する。

2024 年 3 月

著　者

目　次

はしがき

第1章　企業倫理の意義

> **学習目標**
> 1. 企業倫理の意義について法律と比較して検討する。
> 2. 個人の倫理と組織（企業）の倫理の相違について明らかにする。
> 3. 法人として企業に規制が必要な根拠について取り上げる。

第1節　企業倫理とは

　企業の行動様式について倫理性や社会性の見地から語られている場合，最も多く取り上げられている言葉に「企業倫理」「経営倫理」「ビジネスエシックス」などがある。最近では企業を取り巻くステークホルダー（利害関係者）への責任を問う概念として最も多く取り上げられている用語にCSR（corporate social responsibility，企業の社会的責任）がある。さらに，ハーバード大学のポーターら（Porter, M. E. and Kramer, L. R., 2011）によって提唱されたCSV（creating shared value，共通価値の創造）や，国連が主導し，具体的な必達目標まで掲げているSDGs（sustainable development goals，持続可能な開発目標）も登場している。目まぐるしい経営環境の変化とともに，次々と新たな課題が浮き彫りになり，それらの解決に苦しむ私たちをさらに困惑させているのが現状である。残念ながら，上記のカタカナやアルファベットで表記されているすべての概念はほとんどが米国からの輸入品である。

　では企業が目指すべき目標として，倫理性や社会性を強調した思想や哲学にみられる「日本生まれの」「日本固有の」「日本発祥の」ものはないのか。答えは「ノー」である。近年「日本版CSR」として注目されているのが「三方よし」の精神である。これは近江商人による「売り手よし，買い手よし，世間よし」という「三方よし」の精神であり，いわゆる古くからの「日本生え抜きCSR」

の源流とも見なせる。この源流に辿り着き，先人たちの経験や知恵に注目することには大きな意義がある。三方よしについては，持ち下り商いや，諸国産物廻しによる他国稼ぎをせざるを得なかったという当時の時代的背景もあって生み出された概念とも言える。その意味で，三方よしの経営理念は厳密な意味での現在のCSRというより，社会の一員としての役割や責任を意味する，いわゆる「企業市民」に近いというのが筆者の考えである。

　次に，近代に入ってからは「日本の資本主義の父」といわれている渋沢栄一の「道徳経済合一説」がある。渋沢は，ビジネスの本質として利潤と仁義道徳の同時追求を主張した。事業を展開して利潤を追求する人間の欲望を決して否定するばかりでなく，その欲望に基づいて正しい道理にかなう活動をすることが重要であるとしている。ここでいう道理とは，仁義のことを意味し，具体的には「他者への思いやりや他者への貢献」のことを指す。

　ではなぜ，すでに厳然たる事実として存在している日本発の思想や哲学ではない企業倫理を学ばなければならないのか。これはいわゆる欧米発の「企業倫理のグローバル化」に注目する必要がある。企業倫理先進国といわれている米国でこそ独自の学問領域として定着しているものの，その学問的発展の歴史は浅い。米国での企業倫理の理論的展開の詳細については後述することにする（第4章「各国の企業倫理」を参照）。

　日本の企業倫理の研究で先駆者的な役割を果たしたと知られている人物に中村瑞穂と水谷雅一がいる。中村（1995）は，企業倫理に対する日本での関心の低さの根拠として，米国で刊行された企業倫理関連書籍が邦訳された件数がわずか2件しかないことを指摘している。さらに，彼は，問題の把握に際して主に，①企業倫理と企業の社会的責任の概念に対する誤認識，②企業倫理を社会貢献と善良な企業市民（good corporate citizenship）の思想ならびにその実践と同一視した点，③企業倫理を危機管理（crisis management）に誤訳した点，そして④企業倫理の包摂内容を「経済倫理」に集約して理解しようとする日本国内での動向について取り上げている。図表1－1が示しているように，企業倫理に関する定義は論者によってさまざまであるが，ここで日本の代表的な研究者の業績について取り上げる。

図表 1 - 1　企業倫理のさまざまな定義

研究者名	発表年度	定　　義
1990 年	小林俊治	「企業がそこで活動する環境によって，明白にもしくは暗黙に，遵守することが要求される規範」
1995 年	水谷雅一	「企業経営にとってこの『社会』と『人間』の要素や観点がいかに重要であるかを強調する規範」
2001 年	中村瑞穂	「企業内における人間行動，ならびに社会における企業行動に関し，厳格な倫理的基準にもとづく諸要件の充足を求め，その達成にとって有効なあらゆる具体的な措置を積極的に推進しようとする社会的動向」

出所：各資料を整理して筆者作成。

　そして，1993 年に創立された日本経営倫理学会の活動と実績に尽大な貢献をした水谷（2003）は，企業倫理と経営倫理を区分している。要するに，前者の企業倫理との区分として，企業を含むあらゆる組織に適用されるものが経営倫理であるという認識である。さらに，水谷は日本に経営倫理が必要な理由について，①企業不信の昂り，②成熟化社会，③国際化の進展，④自由主義経済体制の推進，⑤地球環境問題という 5 つの諸要因を取り上げている。

　現在，日本社会で完全に馴染んでしまった「企業倫理」という用語は，他の多くの経営学の分野と同様に，米国からの輸入品であった。'Business Ethics' という表現の日本語訳がそれである。まず，'Business' は辞書を開くと「事業」あるいは「企業」と訳されており，'Ethics' は「倫理」あるいは「倫理学」と訳されている。したがって，翻訳した 2 つの単語の組み合わせから考えると，「事業倫理」，「事業倫理学」，「企業倫理」，「企業倫理学」という 4 つの翻訳ができる。

　まず，'Business' については，企業活動を行う際に事業をいかに倫理的に行うかの問題を問う倫理を意味するものとして「職業倫理」に翻訳するか，事業を行う「主体」あるいは事業を行う「場」としての企業の倫理を意味するものとして「企業倫理」に翻訳するかを決めなければならない。中村（2003）によれば，事業活動を通して発生しうるさまざまな反倫理的な結果に対する諸責任は，

責任主体として事業を一人で行う個人企業の場合においては，その責任を個人
一般の倫理として扱っても問題がない。一方，現実には個人企業からグローバ
ル企業のような存在まで世の中に存在しているため，事業活動を展開する「場」
を意味するものとして理解されるべきであると主張している。

　さて，アギュラー（Aguilar, F. A.）は，「倫理的企業（ethical business firm）」を
次のように定義している（中村，2003）。

　「倫理的企業とは，意思決定し，実施行為を行うにあたり，自己の経済的利益
と，それにより影響をこうむるすべての関係者（利害関係者）の利害との間の適
切な均衡を達成することにより，それらの関係者達の尊敬と信頼を勝ち得てい
る企業」であるという。

　図表1－2が示しているように，エシスフィアインスティテュート（Ethi-
sphere institute）は，独自の倫理指数（ethics quotient）を用いて「世界で最も倫理
的な企業（World's Most Ethical Companies）」を毎年選抜している。米国の企業倫
理に関する専門機関として知られている同企業は，企業倫理基準を提示し，そ
れらの基準に沿って測定することによって，倫理的に卓越した業績を収めてい
る企業を表彰している。興味深いのは，倫理的に優れた組織を発表している他
の機関とは異なって同企業が営利組織である点にある。年1回，世界で最も倫
理的な企業を選定し，授賞を行っている。これらの企業を選定する基準には，
文化，環境・社会活動，倫理・コンプライアンス活動，ガバナンス，多様性，
公正性，包摂性，そして強力なバリューチェーンをサポートするイニシアチブ

図表1－2　世界で最も倫理的な企業　2022年

出所：www.ethisphere.com　2023年2月16日閲覧。

図表 1 − 3　花王ウェイのイメージ

出所：花王ホームページ（https://www.kao.com/jp/corporate/news/sustainabili ty/2022/20220316-001/）2023 年 2 月 16 日閲覧。

などがある。日本企業としては 16 年連続で選定された花王と，2022 年に新たに加わったソニーがある。図表 1 − 3 では花王の経営理念の主軸となっている「花王ウェイ」のイメージを示している。

　ソニーの場合，いわゆる「ソニーショック」に例えられる一連の事件・事故などを経験した後，それらの不祥事の原因の精緻な調査，再発防止策の徹底などを含む優れた企業倫理体制が整ってきた。実際にソニーは他社より厳格な倫理的水準が整っており，逆にそれに対する社員からの不満の声すら報道されたりもしている。

　このような優れた企業倫理の水準に至らせるためには，「企業倫理の制度化」の手法を通してさらに効果的な実践が期待されている。同手法は「コンプライアンス型」と「価値共有型」に大別されている。企業倫理の制度化の動向は，1980 年代の旧ソ連によるアフガニスタン侵攻をきっかけに米国のレーガン政権が掲げた「パックスアメリカーナ」政策と無縁ではない。ここでいうパックスアメリカーナ政策とは，強力な軍事力を維持または強化することによって植民地を支配し，その秩序を維持しようとしたパックス・ロマーナに範をとったものであった。その詳細については，第 5 章で後述する。

第2節　企業に規制が必要な根拠

　そもそも法律と倫理は社会規範としての役割を果たす。両者とも社会秩序を維持するために必要不可欠な基準を提供する。社会規範には，法律と倫理以外に道徳，礼儀，習俗，慣習，宗教などもある。実際の社会生活を営む際に，その適用の範囲において境界が曖昧な場合もあるが，各々の役割は異なる。前者の法律の目的は正義（justice）や権利（rights）の実現にある。要するに，「その行為は正しいのか」「その行為をやる権利があるのか」という問いに対する基準となる。これに対し，後者の倫理のそれは善（goodness）や徳（virtue）の実現にある。

　例えば，「子供は年取った親の面倒を見なくてもいいのか」という問いについて考えよう。子供が年取った親の世話をしないからといって，親孝行不実施罪という名目で身柄を拘束されることはない。しかし，それは倫理にかなった行為を行っていないという理由で，親戚はもちろん世間から厳しく非難されることはあり得る。法律を倫理（道徳）と比較した場合，最も重要な事項として取り上げられるのが規範の拘束力である。「では拘束力を有する法律の方が，実行力の面においてはより強力で効果があるものではないか」という素朴な疑問が脳裏をよぎる。

　1990年代に日本で発生した企業不祥事（corporate scandal）によって世間からの評判が非常に悪化したのは，発生した不祥事の規模の大きさと無縁ではない。発覚した数々の不祥事は不法行為の結果によるものであるが，悪質な意図を伴わない単なるミスコンダクトから組織的な関与を含むものまでが散見される。「どれが不法な行為か」，あるいは「どれが非倫理的な行為か」という境界は明確なものから曖昧なものまで混在しているのが現状である。

　個人の倫理と組織の倫理を比較する必要がある。企業倫理がとりわけ重要なキーワードとなっている理由の1つに，人間が個人として行動する行動様式と，組織の中の役割や責任を負っている行動様式とでは大きな差がある点に注目する必要がある。個人が普段いくら倫理的な行動をとる存在であっても，組織人

として行動する場合,「責任の拡散 (diffusing responsibility)」が発生する（谷口, 2022）。トレビノとネルソン (Trevino, L. K. and Nelson, K. A., 1999) によれば, この責任の拡散には, ①「個人に対するもみ消し（気にするな—我々はすべてのことを気にかけている）」の圧力, ②「集団による責任の拡散」, ③「責任の割り当てによる拡散」, ④「心理学的な距離の創造による拡散」という 4 つがあるという。これらの責任の拡散が 1 つのプロセスとして働くのが, 官僚制組織が有する固有の特徴である。

　「組織の中で働く個人の道徳心はいかに低下するのか」という問いに対し, 実験という形で証明しているのが,「アッシュの同調性実験」と「ミルグラムの服従実験」である。前者の「アッシュの同調性実験」は, サクラの影響を受けて多くの人が正しくない道を歩むことを明らかにしたものであり, 後者の「ミルグラムの服従実験」は「ドイツ人はどのようにユダヤ人を虐殺したのか」について実験したものである。人間は自分が置かれている環境に支配されたり, 属している組織や雰囲気に同調や服従しやすくなってしまったりするなどの傾向があることが明らかになっている（出見世, 2004）。これは「罪の凡庸さ (Evil of banality)」と呼ばれ, 普通の人でも組織人として働く場合, 上からの命令が下されると, 600 万人以上のユダヤ人の処刑に加担したアイヒマンのように従ってしまうことをいう。近年発生している企業不祥事の場合, 組織的な犯罪が明らかにされ, 警鐘を鳴らしている。要するに, 企業不祥事を起こす人々は, 変人だけではなく, 平凡な人も巨悪に加担してしまうことを指している。

　日米のビジネスマンを比較すると, 興味深い結果が見られる。米国のビジネスマンが職場での倫理問題を社内の人事や人間関係として認知しているのに対し, 日本のビジネスマンの場合, 社外のステークホルダーとの関わりで認識している傾向が強い（中野, 2004）。言い換えれば, 職場での倫理問題を「自己 vs 他者」の構図で考える米国の管理者と,「当該組織 vs ステークホルダー」の構図で捉える日本の管理者という違いがある。

　一方, かつては倫理学全般を規範倫理学として捉え,「非倫理的な行動をとった人間は必ず非倫理的な人間である」と規定していた。これに対し, 近年注目されている行動倫理学では, 人間の犯してしまった非倫理的な行為の原因を認

知バイアスや人間心理からも探る傾向がある。

米国では，かつて企業不祥事を発生させた大企業を批判的に捉え，社会全般に蔓延している腐敗，不正，不公平など非倫理的な行為を拡散させた主犯人とする根強い認識があった。彼らはしばしばバッドアップル（bad apples）と呼ばれ，近年では彼らを嘲笑する歌まで登場しているのが現状である。ここでいう「バッドアップル」を直訳すると，「腐ったリンゴ」という意味であるが，「集団の中の他人に悪影響を及ぼす人」あるいは学校内で勉学の雰囲気を乱す「問題児」を指す。これはもともと「1つの腐ったリンゴが他のリンゴもダメにする（One bad apple spoils the bunch）」ということわざが語源である。確かに米国では，大企業が社会全体を腐敗させる主な原因として，大企業の存在そのものと批判的に捉えられている。

しかし，近年見られる不祥事に関し，従来とは異なる見方が生じた。要するに，企業不祥事はバッドアップルが引き起こした「倫理的な失敗」だけに起因するのではなく，常識的な人間の「意図せずに起こした不正や悪事」としても認識するように変わっている。彼らが非倫理的な行為を生じさせた理由は，「本人が自分の行為を非倫理的な行為だと気づかない」ことにあるとし，彼らの心理現象や心理プロセスについて把握することが企業倫理の制度設計の大前提であると主張されている（水村，2013）。

一方，これまで資本主義の発展に尽大な貢献をした制度の1つとして会社制度について取り上げる。その会社制度の中で最も注目されているのが株式会社である。現在，日本の会社制度には，合名・合資・合同・株式会社という4つの形態がある。これらの会社はすべて法人という形をとっており，法人格（legal personality）が与えられている。ここでいう「法人格」とは，「法律に基づいて団体に与えられる法律上の人格」のことを指す。要するに，法律で定められている一定の条件や手続きをクリアしたものに対して法人格が付与されることを意味する。

そうすると，「生身の人間に与えられる人格とどのような相違点があるのか」という疑問が浮かび上がる。この法人格を有しない団体のことは任意団体と呼ばれており，マンションなどの運営・会議体である町内会，大学教員や企業の

部門担当者から成り立つ学会，大学の学生たちによって構成される学友会，趣味や親睦のために作られる同友会などがこれに該当する。実際に法人を設立するにはメリットとデメリットがあるため，その目的にかなった十分な検討が必要である。いずれにしても，法人設立後，法律的に成人した人に与えられるさまざまな権利が付与され，不動産や動産などの所有，人間同士の結婚のような企業間の M&A が可能となるのである。当該企業の経営を担うトップの経営陣は法的に許容された範囲内で権利と責任が伴うことになる。

　次に，企業に何らかの規制が必要な根拠に対し，企業は「道徳的主体（moral agency）」なのかという問いがある。この問いに対する答えとして 2 つの学説がある（宮坂，2009）。ここでいう道徳的主体とは「企業は自分の判断で自律的な行動ができる存在であるため，いかなる規制も必要ないもの」を指す。これに対する認識は，大きく肯定論と否定論に区分される。実際に，米国の 1980 年代においてモラル・エージェンシー論争が起きた（Donaldson, T., 1982）。

　まず，企業が道徳的な主体であるという認識に対して肯定論を主張するフレンチ（French, P., 1990）やグッドパスターとマシュー（Goodpaster, K. E. and Matthew, J. B., 1982）などがいる。フレンチは企業という主体は明白な意図を有している対象としてみなされるべきであると主張した。その根拠として企業が内部に有する「意思決定構造」に注目する。言い換えれば，企業の行動様式は，すでに定められている一定の定款やルールに基づく，企業内の方針に従うためであるという。さらに，これは「意思決定ルール」や「政策・手続きルール」によって支持される。したがって，企業は，意図を持って行動する完全なモラル・パーソンとしてみなされるべきであり，通常の場合にモラル・パーソンに付与されている特権，権利そして義務を付与することができるという。

　一方で，企業を道徳的な主体として反対論を述べているディジョージ（DeGeorge, R. 1992）について紹介する。彼によれば，企業は法人格を有する存在として法的責任しか追及できないため，道徳的な責任を問うことはできないという。要するに，法人である企業は，モラル・パーソンではなく，モラル・エージェンシー（moral agency）であって，生身の人間は法的責任と道徳的責任が同時に問われるのに対し，法人格を有する企業は法的責任しか問われないの

である。したがって，1990年代のアパレル業界においてナイキやリーボックなどの多国籍企業が開発途上国で引き起こした児童労働は，本社と進出国での法律の相違を利用した倫理的な問題であった。当時，児童労働が許されていたバングラデシュでは，児童労働に対する法的規制が整っていなかった。むしろ国全体が貧困国という経済的状況を勘案すれば，学齢期の子供まで働かないと生計が立てられない過酷な状況であった。このような状況の中，国際的な非営利組織によってアパレルメーカーの行動様式が非倫理的な問題として取り上げられ，不買運動に発展する様相となった。これらの問題を踏まえて，国連によってグローバルコンパクトの10原則が制定され，グローバルな事業展開を繰り広げている多国籍企業を規制するための基準が提示されたといえる。

　また，企業に属している個人が問題を起こした場合，責任追及の客体は誰かという問いである（富坂，2009）。これについては，「企業のみ」「個人のみ」「企業と個人」という答えがある。特に，3つ目の「企業と個人」については，企業として責任をとり，個人は地位やアクセス可能な情報量に応じて問われるか，あるいはすべての構成員に同等に責任を問うかという認識もある。

第3節　企業倫理が目指すもの

　では本章の目的である，なぜ企業倫理が重要であるのかという問いに戻ろう。図表1－4は，従来最も重要視されていた収益性（業績）を縦軸にし，また近年その重要性がますます高まっている倫理性を横軸にして企業の類型を分類したものである。

　私たちの企業に対するイメージにはいかなるものがあるのか。おそらく私たちが望んでいる理念型の企業形態は「業績もよくて高い倫理性を有する」Bタイプの企業であろう。しかし，このタイプの企業は非常に少ない。また，倫理性が低くしかも業績を上げるのに失敗しているCタイプの企業は議論の余地もない。

　そうなると，業績は悪いが，高い倫理性を誇るDタイプの企業と，業績は好調であるが，倫理性に問題があるAタイプが残る。Dタイプの企業に対しては，

図表1－4　収益性と倫理性による企業の類型

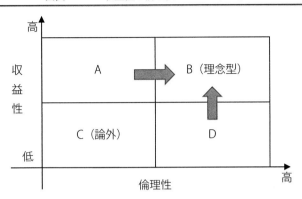

出所：梅津（2002）をベースに作成。

外部からの支援金など何らかのサポートが必要である。一方，後者のＡタイプは，私たちが企業に対してイメージする最も古くて根強い見方である。このタイプでは，「会社のためだからしょうがない」「自分の会社だけ清廉潔白になっても社会は変わらない」という弁明をする人々が多い。実際に，日本中を騒がしたライブドアによるフジテレビ買収劇は未だに脳裏に鮮明に残っている。当時ライブドアの社長であった人物は「金稼ぎのためなら，法律の隙間を狙ったあらゆる手段を選ばない」としながら世間から注目を浴びていた。しかし，結果的にプロ野球球団の買収に乗り出した際に，財政面で競争相手より遅れをとっているのではないかという懸念が先走って粉飾会計をしてしまった。この不祥事が世間に暴露され，ＩＴ企業の成長神話を成し遂げた寵児としての看板を下ろす結果となってしまった。

　結論からいうと，企業倫理の中心的テーマは，図表1－4で分類された2つのタイプ，すなわちＤタイプの企業に対しては，経済，社会，国家などから総体的支援をし，またＡタイプの企業に対しては，倫理性を向上させるための何らかの制度的チェック体制や誘因を企業自らがいかに自発的に見つけ出すのかにある。

　企業倫理は，企業不祥事を100％退治できる万能薬ではない。この企業倫理の

究極的な役割は，Ｄタイプと Ａタイプの企業を Ｂタイプに少しでも近づけるところにある。

第4節　企業は倫理的になれるのか

　ハーバード大学の認知心理学の権威であるガードナー（Gardner, H., 2008）は，ビジネスマンは常に道徳心を失いやすい環境で働いていると主張している。彼によれば，図表１－５が示しているように，人間が繁栄するためには涵養すべき知性が要求されるという。

　道徳心（ethical mind）は，4つの知性（minds）に比べて基本的にコミュニティに関わる性格が強い要素である。それは収益追求を最大の目的とする企業という組織体において，この道徳心の涵養こそ不可欠な要素の1つである。先述したように，特に，社会に対してますます影響力が増大している企業にとっては，この要素を全社的な次元で身に着けさせるのは大きな課題となっている。

　企業倫理の求める究極的な到達点は，企業を完全な倫理的組織体として作り変えるところにある。しかし，現実の世界でそれを短期間で実現するには無理

図表１－５　人間が涵養すべき5つの知性

項　　目	内　　容	備　　考
鍛錬する知性	「どのように勉強するのか」に関わる知性	学校で涵養可能
総合する知性	さまざまな情報源を調べ，重要かつ注目すべき情報を取捨選択し，まとまりとして自分や他者が利用できるようにする知性	
創造する知性	新しいアイディアや活動を追求し，革新し，チャンスをとらえ，何らかを発見する知性	
尊重する知性	他者を理解し，実りある関係を築こうと試みる知性	純粋な認知能力とは関係ない
道徳心	他者への尊重をより抽象的に拡大した知性	内部告発など

出所：Gardner（2008），pp.17-22 を筆者が整理。

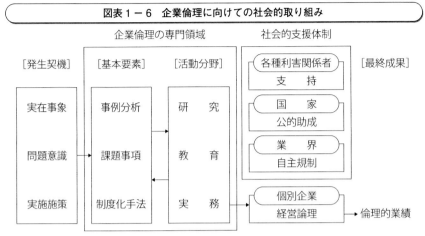

図表1－6　企業倫理に向けての社会的取り組み

出所：中村（2003），7ページ。

があり，しかも不可能である。したがって，倫理的な組織体の構築のためには，企業内部と外部に働きかける体系的かつ制度的枠組みが必要とされる。

　中村（2003）によれば，図表1－6が示しているように，企業倫理を企業経営の中で実現させるためのシステムづくりは，以下のように3つの段階で分けて考えることができるという。

　第1に，法律などの制度的な強制力を加えることによるものである。これは最も短期間で効果が見える手段として知られている。しかし，この手法は，効果的ではあるが，法律の成立に至るまでに時間がかかりすぎるなどの弱点を有している。場合によっては，企業活動を萎縮させるなどの後遺症が生じやすい点がしばしば指摘されている。実際に，2002年に発生したエンロンやワールドコムなどの不祥事を契機に，内部統制を企業内に強制するための装置としてサーベンス・オクスレー法を制定するところまで至った。しかし，この法律の成立後，米国の企業は義務化された内部統制を徹底するために，その専門家を雇う膨大な費用を支出しなければならない状況にある。

　第2の段階としては，業界自らが規制をすることである。要するに，法律などの規制が成立する前に業界の構成員たちが集まって規制のための基準を定め，業界のメンバーらに強制する方法である。これは法律などのような拘束力はな

いが，メンバー間の結束力が強い場合には，法律以上の力を発揮することもありうる。例えば，日経連が定めた原則に違反した場合，当該産業内での取引が全面的に禁じられてしまう場合があろう。

　最後に，企業自らの自主的な規制がある。これはトップマネジメントの強力なリーダーシップによって行われる場合が多い。しかし，これは業績が悪化した場合や経営者交代のような変動要因が発生した場合には継続しない恐れがある。

　企業倫理を企業活動の中で実現するためにはいかなる枠組みが必要となるのか。図表１－６では上述した３つの方法を総合的に実現できる仕組みを表している。すなわち，研究，教育，実務という３つの分野で企業倫理に関わるあらゆるものを総合的に取り上げ，その実践のためのシステムを築き上げることである。さらに，常に企業倫理における実践の度合いが高い企業に対しては，国家，関連業界，利害関係者が社会的に支援する取組みが必要とされる。

　企業は生き物として経営環境の変化へ常に機敏かつ適切に対応しなければならない存在である。５年，10年前までは模範的な企業として社会から賞賛されたとしても，経営危機への対応，トップマネジメントの承継などの重大な局面で企業倫理の体制が後退してしまうケースはいくらでもある。そういった見地から，ここで取り上げている企業は，近年の成功事例に過ぎないことをあらかじめ言っておきたい。

　例えば，数少ない事例に過ぎないが，優れた経営理念や経営哲学を有していた創業者によって確立された経営体制を除くと，世の中に存在するほとんどの企業が不祥事を引き起こしたり，苦境に陥ったりするなどの危機に直面する。その後，数々の逆境を乗り越え，過去の苦しい経験をバネにして新たに立ち直ったりする。

　そのような意味で，企業倫理体制づくりで最も重要な要因とされている経営者育成や教育をいかにするかという課題は，現代企業の有する最重要課題の１つである。

ケースで学ぶ　　イーロンマスク氏の在宅勤務者への批判

　　ブルームバーグ社の 2023 年 5 月 7 日付けの報道によれば，米国テスラ社の CEO であるイーロンマスク氏は，テレワークや在宅勤務形態を維持する従業員に対して「生産性の問題だけでなく，道徳的に間違っている」と主張した。同氏は CNBC とのインタビューにおいて，自動車の製造や修理，住宅の建設や修復，食品の生産を行う人などが「仕事に行かなければならないのに，自分は行く必要がないのが当然と考えるのはひどいことだ」と語った。その後，彼は従業員の職場復帰を最終通告する形で義務付けを促したという。さらに，彼は「従業員なら，少なくとも週 40 時間以上は職場で働かなければならない」と主張した。

　　マスク氏のこのような考え方に対し，多くの専門家集団によって従業員たちの職場離れなどの問題が生じる可能性について指摘され，特に今日のマネジメントの動向をしっかりと読み取れない「時代遅れの発想」であるという批判が飛び交っていた。結果的に，在宅勤務と出社が混在する職務形態を排除することによって優秀な人材を逃す可能性についても指摘があった。

　　承知のごとく，2020 年に全世界に蔓延したコロナウィルスによって多くの犠牲者が発生したが，2022 年以後パンデミックを終息に向かわせるなど世界各国で伝染病対応の政策へと変化している。

📖 話し合ってみよう！

1. マスク氏が主張する倫理的な問題とは何か。
2. テスラ社に勤めている従業員は，社長であるマスク氏の職場復帰命令に従わなければならないのか。
3. 米国で 2010 年にオバマ政権によって制定された「テレワーク強化法」について調べよう。

まとめ

◎第 1 に，企業倫理は個人の倫理を取り扱う倫理学と対比される新しい学問領域として，1990 年代以後，日本においても本格的に導入されている。

◎第 2 に，組織人として行動する場合，「責任の拡散」などの問題が発生するため，個人の倫理を取り扱う次元とは異なるアプローチが必要である。

◎第 3 に，法人格が与えられる企業は，道徳的な主体として，法律的責任と倫

16

理的責任を果たせる完璧なモラル・パーソンとしての存在を主張する賛成論
と，倫理的責任は問われない道徳的主体反対論が散見される。

梅津光弘『ビジネスの倫理学』丸善出版，2002 年。

企業倫理研究グループ『日本の企業倫理』白桃書房，2007 年。

佐久間信夫編著『よくわかる企業論　第 2 版』ミネルヴァ書房，2006 年。

高浦康有・藤野真也編著『企業倫理入門』白桃書房，2022 年。

高橋浩夫『戦略としてのビジネス倫理』丸善出版，2016 年。

谷口照三『組織倫理論の可能性』大学教育出版，2022 年。

出見世信之『企業倫理入門』同文館出版，2004 年。

デジョージ著，宮坂純一訳「ビジネス倫理学の現在，過去，そして未来」『産業と経済』奈
　　良産業大学，第 7 巻第 2 号，1992 年，69-88 ページ。

中野千秋「組織における個人の倫理的意思決定―組織倫理に関する実証研究の可能性を探る
　　―」『組織科学』Vol.37, No.44，2004 年，14-23 ページ。

中村瑞穂「企業倫理への経営学的接近（現代企業と社会）」『経済学論集』第 65 巻，1995 年，
　　62-70 ページ。

中村瑞穂「企業倫理実現の条件」『明治大学社会学研究紀要』vol.39, No.2, 2001 年, 87-99 ペー
　　ジ。

中村瑞穂編著『企業倫理と企業統治―国際比較―』文眞堂，2003 年。

水村典弘「企業行動倫理と企業行動イニシアチブ」『日本経営倫理学会誌』第 20 号, 2013 年,
　　3-15 ページ。

宮坂純一『道徳的主体としての現代企業』晃洋書房，2009 年。

Aguilar, F. J. (1994), *Managing Corporate Ethics: Learning from America; Ethical
　　Companies How to Supercharge Business Performance*, New York and London: Oxford
　　University Press, 1994. （水谷雅一監訳，高橋浩矢・大山泰一郎訳『企業の経営倫理と成
　　長戦略』産能大学出版部，1997 年。）

Donaldson, T. (1982), "Corporations and Morality", *Journal of Business Ethics*, Vol.1 No.3,
　　pp.251-253.

French, P. (1990), "The Corporation as a Moral Agency", W. Hoffman and J. Moore (eds.),
　　Business Ethics, McGraw-Hill.

Gardner, H. (2008), "Studies in Education", *The University of Chicago Journal*, Vol.5, No.
　　1/2, Spring/Fall, pp.17-24.

Trevino, L. K. and Nelson, K. A. (1999), *Managing Business Ethics: Straight Talk About How to do It Right*, Second Edition, John Wiley & Sons, Inc.

18

第2章　企業と社会

学習目標
1. 「企業と社会」論が登場した背景について明らかにする。
2. CSR が台頭した背景について探る。
3. ステークホルダー理論の持つ意義について検討する。

第1節　企業と社会

　企業と社会の関係様式を問う研究は，「企業と社会」論（Theory of Business and Society）の形で成立し，発展を遂げてきた。周知の通り，企業が有する本来の機能は，財やサービスを円滑に生産・流通・販売し，それらを消費者に効率的に提供することである。それらを遂行するために，商品生産や貨幣流通に媒介された分業関係が社会のあらゆるところに行きわたっているのが現状である。結果的に，企業はそのプロセスにおいてすべての市民の生活にあらゆる側面から強い影響を及ぼし，社会の最も基本的な性格を決定する地位を得ることになった。このように現代においては企業と社会の関係様式に関連して，新たに提起される具体的な諸問題の解決を模索する必要性が生じている。

　その関係様式が問われる根本的な背景には，年々強化されている企業が社会に対して振るう諸権力の増大にあるといわれている。図表2-1が示しているように，社会の中で一構成員として存在している企業は，社会に対して以下のようなさまざまな「権力（power）」を有している（エプスタイン，1996）。巨大化したさまざまな企業，その中でも特に株式会社は社会に対してあらゆる形で影響を及ぼす存在となった。例えば，2022年現在，世界で最も従業員数が多いことで知られている米国のスーパーマーケットのウォルマートの場合，230万人以上が同社で働いている。このように多くの経営資源を抱えて巨大化する企業に

項　　目	内　　容
経済的権力	希少な資源の生産と流通の性質，価格，そして条件をコントロールする能力
社会的・文化的権力	文化的価値観，道徳観，生活様式
個人に対する権力	株式会社と直接関係をもっている個人 （例：従業員もしくは株主）
技術的権力	社会内部の技術変化の方向，速度，帰結を決定する際の株式会社の役割
環境に対する権力	天然資源の利用地域開発全体に関して自然環境に与える株式会社の作用
政治的権力	政府の意思決定および公共政策に影響を及ぼす株式会社の能力

図表 2 − 1　企業の有する諸権力

出所：エプスタイン（1996），34 〜 35 ページを整理。

対し，常に社会との関係様式を問い直す必然性は生じるであろう。特に，巨大企業が有するさまざまな権力によって及ぼされうる「負」の側面に備えていかに未然に防止し，発生した事件・事故へ迅速に対応できるかについての工夫が必要である。

「企業と社会」論は，従来まで米国の研究者を中心に，企業の社会的責任に関する研究，企業の即応性（corporate responsiveness）に関する研究，企業倫理に関する研究という 3 つの軸を中心に成立し，発展してきたといえる。その後，ステークホルダー・マネジメントやステークホルダー・エンゲージメントを含むステークホルダー理論へと発展するような形で包摂される。

実際に，1970 年代において米国では「企業と社会」論が経営学の中の一学問分野として根を下ろし，ビジネススクールの正規科目として設置されるようになっていた。このような変化の背景には，1960 年代に勃発した大企業の不祥事への社会からの厳格な批判があり，それをきっかけに米国社会から企業に向けて展開されたさまざまな運動が見られる。特に，大企業の経済的規模・市場支

配力・社会的影響力の拡大によって生じた公民権運動，消費者問題，環境問題などが注目された。例えば，キャンペーン GM は，それらの社会的矛盾の是正に積極的に取り組んだ典型的な事例であり，それらの運動を展開することによってそれまでに消極的で無関心であった公衆の意識に変化が起こり，株主総会での議決権行使を通して企業経営に積極的に参加したりする動向なども生じた。

中村（2007）によれば，1970 年代の経営学分野において生じた大きな変化として，企業の行動様式が社会に対して及ぼす多種多様な影響に注目し，それらに対する分析と評価を通して企業活動の質的向上を期待する傾向があった。このような動向は，企業と社会との関係を主な研究領域として取り扱う「企業と社会」論の創設と，1971 年に米国経営学会（academy of management：AOM）の部会として「経営における社会的課題事項（social issues in management：SIM)」が新設される形で結実した。SIM 所属の研究者の成果は，AOM の機関誌に掲載されることとなった。当時のこのような新たな動きは，教育現場での学科名の新設や教科書的な解説書の題名にされるなどの変化を導き出した。同部会は，1979 年に企業倫理学会（Society for Business Ethics）という全国規模の専門学術団体として発足することになった。

1970 年代後半から 80 年代にかけて登場した企業倫理も，応用倫理学の 1 つとして研究領域の道が開かれた。その後も着実に産学ともに定着と発展が見られる。ということで，先述した経営学の一分野として展開された「企業と社会」論とともに，各々の学問的な発展が見られたと思われる。要するに，企業倫理論が規範倫理学という見地から企業経営の基盤となっている原則や価値観を正す役割を果たしたならば，「企業と社会」論はそれらの現状に対する客観的な観察や測定を重視するアプローチであるという（佐久間・田中，2011）。

1990 年には SIM 部会のメンバーを中心に，IABS（International Association for Business and Society）が企業と社会の関係領域を研究する国際学会として発足し，機関誌として Business and Society が出版されるようになった。

第 2 節 企業の社会的責任

1 CSR の意義

90 年代以降，日本国内では企業不祥事の未然防止や再発防止のためのさまざまな仕組みづくりが行われている。2003 年は「CSR 元年」ともいわれるほど，社会的な注目を受けた。

実際に，日本では 2003 年以後，CSR の推進体制整備，現状課題の顕在化，基本方針策定，レポートの作成と発行などを中心に CSR での大きな進展が見られるようになった。この時期を「CSR 第 1 期」とするならば，現在ではこの段階を超えて，事業と CSR の融合を図る「CSR 第 2 期」に入っている。

日本で企業の社会的責任が世間からの注目を受けた主な背景には，1960 年代から 1970 年代までの間に発生した四大公害問題（四日市ぜんそく，水俣病，富山のイタイイタイ病，新潟水俣病）に象徴される「公害問題」がある。これらの問題が浮上した当時は，「特定組織の無責任の問題」に留まっていたが，徐々に企業全体，規制当局である政府の次元で責任が問われるようになった。しかし，その当時は，公害問題で発生してしまった製造責任あるいは賠償責任を追及することはあっても，それらの問題の背景にある生産システムを根本から考え直すレベルには至らなかった。

CSR は 'corporate social responsibility' の頭文字であり，一般的に「企業の社会的責任」と訳す。文字通りの意味を探ると，まず，「株式会社」を意味する 'corporation' の形容詞である 'corporate'，「社会」を意味する 'society' の形容詞である 'social'，そして「責任」を意味する 'responsibility' で合成されている。'social' の場合は「社会と関連する」という意味であり，「社交的」あるいは「社交性のある」という意味を持つ 'societal' と区別している。さらに，'responsibility' の場合は「道義的責任」を指しており，「説明責任」を意味する 'accountability' や「法的責任」を意味する 'liability' と区別して使用している。こうして CSR の文字通りの意味は，大規模の株式会社が社会に対して負う道義的責任のことをいうが，一般的には，「企業活動のプロセスに社会的

公正性や環境への配慮などを組み込み，利害関係者に対するアカウンタビリティを果たしていくこと。その結果，経済的・社会的・環境的パフォーマンスの向上を目指すこと」として認識されている（谷本，2006）。

　興味深いのは，先述した企業のほとんどが自ら起こした不祥事の対価として厳格な政府規制や，消費者からの激しい不買運動などのような市民規制を受けた点である。これは企業の活動する「場」である市場での活動が制約あるいは禁止されることを意味する。とりわけ，後者については，市場が消費者の政治性を表す場となり，従来企業に対して期待していた収益性以外に，社会性や倫理性までも要求することとなったことに他ならない。実際に，ヨーロッパでは，国民の市民団体に対する支持率が既存の政党を上回っており，マルチ・ステークホルダー・プロセスのような形で実際の欧州委員会の政策決定にも影響を及ぼしている。ここでいうマルチ・ステークホルダー・プロセスとは，EU の政策決定において「さまざまな利害関係者が対等な立場で議論を重ねながら，単独では解決が困難な課題の克服に向けて合意づくり進める過程」を指す。

　これらの動向は，ますますその重要性が問われているように見える。図表2－2が示しているように，ヨーロッパ諸国に見られる政府，企業，市民社会の間の力学関係は過去と現在において著しい変化が見られる。

　今までの CSR をめぐる論争は，主に CSR について「巨大公開株式会社の中

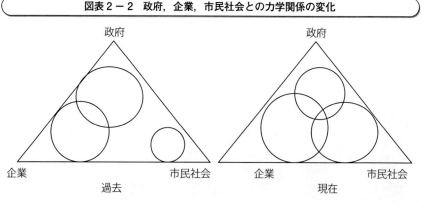

図表2－2　政府，企業，市民社会との力学関係の変化

出所：Mrrenwijk（2003），p.100.

で膨大な支配力を手に入れた経営者への要請」という認識を示したバーリと
ミーンズ（Berle, A. A., and Means, Jr. G. C.）によって始まった。その後，CSR に
対する見解は，「他人の財産を社会に対して使用するのは盗む行為である」と主
張したフリードマン（Friedman, M.），「社会の悪影響の発生に対してはとるべき
ものであるが，慈善行為に代表されるような社会貢献活動に関しては慎重であ
るべきである」と主張したドラッカー（Drucker, P. F.），「CSR への取組は採算性
が合う時のみ積極的に行われる」と主張するヴォーゲル（Vogel, D.）など実に経
済学や経営学を代表する巨匠たちによっても取り上げられている。

　この CSR が社会から注目を受けた時期は歴史的に二度あった。それは 1970
年代の米国を中心に現れた「企業の社会的責任」と，1990 年代後半のヨーロッ
パを中心に進展している CSR である。

　まず，1970 年代に米国で現れた CSR については，米国企業および教育機関の
リーダー的な存在 200 名で構成された「経済開発委員会」（The Committee for
Economic Development；以下 CED）が 1971 年に 5 年間の成果報告書としてまとめ
た『企業の社会的責任』（Social Responsibilities of Business Corporations）であった。
これは政策見解という形で公表されたが，この書物は 60 年代から 70 年代にか
けて大きな問題となっていた消費者保護・環境規制・雇用平等などについて触
れていた。この CED によれば，企業と社会との間の契約条件は従来のそれとは
異なっており，具体的には企業は社会に対して次のような 3 種類の責任を負う
べきであることについて強調している。

　①経済的機能の効率的遂行に関する責任
　②社会的価値観・優先度などの変化に対して敏感な意識を有して業務を遂行
　　する責任
　③社会環境の改善に対する積極的な取り組みを行う責任

　しかし，この時期に注目された CSR は，社会的責任が企業戦略の一環として
の社会的貢献活動の 1 つとして認識され，社会的要求に単に消極的に対応する
という受動的な対応に過ぎないなどの限界を有していた。

　実際に，米国における 1960 年代から 1970 年代までの時期は，国全体の観点

から企業内部の企業倫理体制作りに取り組み始めた時期として認識されている。この時期に特に注目するのは，州ごとに各々定められていた企業活動への規制の範囲が，連邦政府の次元にまで引き上げられたからである。

　次の1990年代後半のヨーロッパで台頭したCSRは，主に以下のような4つの動向が注目を集めた。

　①イギリスのサステナビリティ社のジョン・エルキントン氏が提唱した企業
　　評価の尺度としての「トリプル・ボトム・ライン」の考え方
　②国連のコフィー・アナン事務総長が1999年に提唱した「グローバル・コン
　　パクト」の考え方
　③EUが2001年にヨーロッパ全体として実施した「promoting a European
　　Frame-work for Corporate Social Responsibility」というグリーンペーパー
　　の発行
　④ハードロー（法律など）とソフトロー（上場規制など）によるCSR開示の強化

　では1970年代に社会的な矛盾を解消するための一時的な現象として現れたCSRが再び新たな動向として台頭した背景には何があるか。その背景には，世界的レベルで頻発する企業不祥事，経済のグローバル化の進展，多様な価値観を持つNGOの台頭，ITの進展などに大きな原因があるように見える。1970年代に米国で現れたCSRと1990年代後半にヨーロッパで台頭したCSRにはいかなる差異があるのか。その判断の基準は「企業価値の創造という考えが企業経営に組み込まれているかどうか」にある。

　また，CSRを促進する世界的な動向としては，CSRの規格化と環境報告書のグローバルなスタンダードの作成などがある。

　まず，CSRの規格化として，2004年6月に国際標準化機構（international organization for standardization: ISO）によってCSRの規格化が決定された。これはすでにISO9000，ISO14000という形で結実されたが，近年ではISO26000が制定されるなどの新たな動きもある。これが従来のものと異なる点は，企業に限らずあらゆる組織の「社会的責任」（Social Responsibility：SR）に関する第3者認証を目的としない国際ガイダンス規格であるところにある。

　第 2 に，環境報告書のグローバルなスタンダードについては，「持続可能性報告書」のガイドライン（GRI）として 1997 年に国連環境計画（UNEP）と NGO のセリーズを中心に推進されている。

　さらに，EU では大企業に対して CSR 実践状況を毎年開示するよう圧力が強化されている。EU では 2014 年 9 月に加盟国に対して非財務情報開示を義務づける指令（Directive）が採択された。その結果，上場企業では，従業員に関する情報，人権・腐敗防止に関する方針，実践状況，主なリスクに関する情報開示が義務化された（田中，2017）。このような動向は，ハードローとソフトローの形で毎年強化されている。

　2016 年 11 月には，2020 年以降の温室効果ガス排出削減等のための新たな国際枠組みであるパリ協定（COP21）が発効された。これによって，世界規模での地球温暖化対策として温室効果ガスの削減に乗り出すことになった。その後，2021 年 11 月に開催された国連気候変動枠組条約第 26 回締約国会議（COP26）では，石炭火力発電を段階的に削減するための目標についての合意が得られた。このような影響もあり，日本を代表する企業の株主総会では，環境 NGO からの温室効果ガス排出量削減を要請する株主提案数の微増が見られるものの，温室効果ガス削減を積極的に推進するための独立社外取締役の取締役会への導入は初歩的な水準に留まっている（林，2023）。

2　企業戦略と CSR

　経営戦略の研究者として国際的に著名なハーバード大学教授のポーター（Porter, Michel E.）は，2006 年にクラーマー（Kramer, M. R.）と一緒に発表した「戦略と社会（strategy and society）」という論文で競争優位性と CSR をいかにリンクさせるのかについて取り上げた。彼らは理論の枠組みを支えている 1 つの要因である価値連鎖（value chain）活動をいかに CSR と連携させるのかについて触れており，受動的な CSR から戦略的な CSR への移行の重要性を強調している。

　さらに彼らは，企業にとって制約条件となっている環境に投資することによって制約条件自体を変えることが重要であると主張している。価値連鎖の社会的次元において，最も低レベルである「一般的にもたらす社会への影響」から

「価値連鎖が与える社会的影響」の過程を経て「競争環境の社会的次元」へ向かう方向性を，企業と社会のニーズの一体化を強化する戦略として認識している。

　次に，企業経営を実行するプロセスの中でいかなる形で CSR に取り組むべきなのかについて検討する。

　ウェルテルとチャンドラー（W. B. Werther, Jr. and D. Chandler, 2011）によれば，企業の CSR の取り組みは「戦術（具体性）→ 戦略（いかに）→ CSR（フィルター）→ ミッション（何を）→ ビジョン（なぜ）」というプロセスの中で決定されるが，内部的な資源やケイパビリティなどの組織的な制約と，社会的・文化的・法的要因，利害関係者，市場，技術などのような環境的な制約の中で企業の行動様式が決まるという。さらに，図表 2 − 3 が示しているように，企業経営における CSR の展開は一般的に「ESCS フレームワーク」の中で行われている。ここでいう「ESCS フレームワーク」とは，「環境（E: environment）」「戦略（S: strategy）」「能力（C: competencies）」「構造（S: structure）」の頭文字をとった企業経営において CSR がいかなる位置づけになるかを示すものである。同図表の中

図表 2 − 3　ESCS フレームワーク

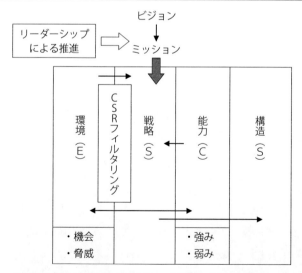

出所：ウェルテルとチャンドラー（2006），88 ページ。

で示している複数の矢は，ビジョンとミッションが戦略の形を作り，さらに，戦略が内部的な能力と外部的な環境のニーズから影響を受けるようになっている。結局 CSR は当該企業が実行する戦略と環境との間でフィルターの役割を果たすことになる。

　米国には 2004 年 6 月から 10 月の間に電子製品の製造に従事している多くの企業によって策定された EICC（Electronic Industry Code of Conduct）がある。この行動憲章の遵守を図り，メンバーとして活躍しているのが Celestica, Cisco, DELL, Flextronics, Foxconn, HP, IBM, Intel, Jabit, Lucent, Microsoft, Sanmina SCI, Seagate, ソニーなどである。この EICC は主幹する組織が変わり，現在では RBA（Responsible Business Alliance）に改名され，企業における CSR 調達の基準として用いられる重要な尺度となっている。これは電子製品の製造に使用される部品やサービスの設計，販売，製造，または供給に至る可能性のあるすべての組織が監査対象になっている。

　特に，HP では「サプライヤー行動憲章（Supplier Code of Conduct）」を策定し，調達先 600 社に適用を行っている。この基準は HP 社が購入する原料や製品の環境仕様に加え，法令遵守，安全・衛生対策，労働対策も含んでおり，今後は順次，中小企業の調達先にもその適用を要請する方針である。

　これらに関する日本の代表的な動向にはイオングループ，NEC，ソニー，資生堂などがある。イオングループの場合，「サプライヤー CoC（取引行動規範）」を策定し，2003 年 5 月にイオンの自社ブランドである「トップバリュー」の製造委託先約 400 社に対して説明会を開き，「イオンサプライヤー CoC」の遵守と，製造委託先工場の確認，遵守の宣誓書を提出するように要求している。

第3節　ステークホルダー理論

1　ステークホルダーの意義

　では企業が自社の有する諸権力で社会に影響を及ぼす際には，具体的にいかなる存在に対して影響を及ぼすのか。そこで登場するのがステークホルダー（stakeholder）という存在である。利害関係者とも訳されているステークホル

ダーの概念が経営学の分野で注目されるようになったのは，フリーマン
(Freeman, R. E.) が 1984 年に公刊した『戦略的経営：ステークホルダーアプロー
チ』によってであった。この書物の中ではステークホルダーについての定義が
次のようになされている。

「ある組織のステークホルダーとは組織目標の達成により，影響したりされた
りしうるような集団，あるいは個人である」

特にこの「ステーク (stake)」という用語は，本来ポーカーのようなゲームで
「掛け金」を意味しており，ステークホルダーは企業とともにある程度の経済的
な価値を危険にさらしている存在を意味している。

まず，企業を取り巻く「外部環境」としての「ステークホルダー」という概
念と，「インタレスト・グループ (interest groups)」という概念の相違点につい
て探る。両者はともに「企業に対して及ぼす影響力を有する存在」を意味して
いるが，裁判・司法を通じての「国家権力」の強制力行使の有無によって区分
される (厚東, 2013)。日本では，1900 年から 1960 年代まで米国の政治学で発展
した「インタレスト・グループ」という概念を基礎にその概念が理解されてき
た。この「インタレスト・グループ」は場合によっては「圧力団体」と化して，
不祥事を起こした企業に対して不買運動やキャンペーンなどで強力な「影響力」
を行使することを意味する場合もあるが，「国家権力」による法的強制力を含む
ものではない。「ステークホルダー」の概念は，フリーマンの『戦略的経営』の
出版以後，経営学の分野ではステークホルダーアプローチが注目され，企業を
通して得られる価値創造 (value creation) に関する基本的なフレームワークが再
定義された。

こうして経営学と倫理学を連携するための CSR の理論的な基盤が整ったとい
える (宮坂, 2000)。企業は社会の中で存続するために，従来と比べると明確な形
で多元的な関係 (multiple relationships) を想定して事業を行うように設計しなけ
ればならなくなっている (Donaldson and Preston, 1995)。

このステークホルダーの概念を用いてさらにステークホルダー・マネジメン
ト理論へと発展するが，ステークホルダー理論の基本的な前提として挙げられ
ているのが「ステークを有しているすべての存在に対して企業が便益 (benefits)

を提供すべきである」という前提である。ステークホルダー理論において議論の中心となる課題には，「ステークホルダーの概念の考察」，「ステークホルダーの利害の分析」，「ステークホルダーの認識」「ステークホルダーの重要性」などがある（谷口，2001）。特に，ステークホルダー・マネジメントの理論では，ステークホルダーの要求をいかに認識・評価・対応するかの問題を扱い，とりわけステークホルダーに対する効率的な管理の必要性について注目している。

　そして宮坂（2009）によれば，従来まで哲学的な色彩が強かったビジネス・エシックスに，ステークホルダーの概念を導入することによって倫理学と経営学を繋ぐブリッジ概念が生まれたという。その後，経営学的な枠組みへと衣替えする概念として登場したのがステークホルダー・マネジメントであると主張している。さらに，CSRの概念は，ステークホルダー・マネジメントを「責任」という側面から捉えたアプローチであり，これによって経営者主導のマネジメントの色彩が強くなったという。

　また，このステークホルダーは，企業との関係の強さによって，株主，債権者，従業員，顧客，納入業者，配給業者などの第一義的なステークホルダー（primary stakeholder）と，政府，地域住民，公衆，各種利益団体などの第二義的なステークホルダー（secondary stakeholder）とに大別できる。前者の第一義的なステークホルダーの方が企業経営に携わるプロセスにおいて直接的に関わっており，これらの存在が協力しない場合に深刻な経営危機に逢着する可能性が高い。一方，後者の第二義的なステークホルダーは企業にとってその重要度という観点から見ると，第一義的なステークホルダーほどではないが，将来的には企業の運命を左右する可能性をも有する存在として認識されている。

　では，これらのステークホルダーの概念が登場した背景には何があるのか。その答えとしては，経営者，従業員，顧客の認識の変化などから起因する企業内部環境の変化と，政府機関による企業の監視活動，海外企業の競争力の向上，マス・メディアの発言力の高まりなど企業を取り巻く外部環境の変化に起因するという（出見世，2004）。前者の企業内部環境の変化は，多様な価値観を持っている従業員への対応の困難さ，「モノをいう顧客」などとたとえられるように，過去においては思いもよらなかった認識の変化により，従来とは異なるより迅

速できめ細かい対応の必要性が問われている。

　後者の中では特に情報化の急激な進展が見られる 90 年代以降，マス・メディアの発言力の高まりは，教育水準の向上の結果が生み出した権利・主張意識の強さと絡んで，高度成長期には比較的寛大であった企業のミスコンダクトに対してより一層の厳格な処罰を要求する社会的なムードを組成している。すなわち，過去において発生した諸問題を部署あるいは個人の問題として取り扱った次元から，徐々に事件を起こした当該企業全体の問題として存続を左右する次元にまで発展する可能性が高まっていることを意味している。

　なお，現代企業をめぐるステークホルダーのレベルは，量的にも質的にも変化している。前者の場合は，ステークホルダー自体が過去に比べて非常に多様化したことを意味する。また，後者はステークホルダーの性質や行動が多様化することを意味する。いずれにせよ，このようなステークホルダーの変化は，企業に対する認識の変化を意味しており，それらの要請や要求に対して企業は俊敏かつ的確な対応を迫られることを意味している。

　一方，このように企業が社会の中で存在する，すなわち社会的な存在として認識されている傾向は，企業と社会との間の関係様式を新たな専門分野として取り扱わせる根本的な背景となっている。それが「企業と社会」論であり，企業論，企業倫理論，社会学などに隣接する確立された一学問分野としてしっかり定着している。さらに，この「企業と社会」論は基本的に「企業の社会的応答」と「企業に対する社会的要請」によって成り立っている。

2　ステークホルダー・マネジメント

　現実の社会において，企業と社会との関係をいかに規定するかの課題の解決は簡単ではない。今日のように，ステークホルダーの企業に対する要請が強力になり，しかもその企業への要請自体も多様化している状況においてこれらの課題事項（issues）にいかに対応するかが，企業の存続に影響を及ぼすほど重要になっている。

　過去において日本企業に対する要請の強度はさまざまであった。明治維新以降，日本政府によって後押しされた「殖産興業」などの工業化導入の時期，戦

後の「所得倍増」の政策推進時期，高度成長の時期など経済発展を最優先した時期には，企業の引き起こしたさまざまな不祥事に対する社会の認識は相対的に寛大であった。しかし近年の，食中毒事件を起こした雪印，粉飾会計事件を起こしたライブドア，リコール隠し事件を起こした三菱自動車などの不祥事に対しては過去とは異なり，社会からの非常に厳しい批判にさらされている。

　キャロルら（Carroll, A. B., and Brown, J. and Buchholtz, A. K., 2017）はこのようなステークホルダーからの要求にいかに認識，評価，対応するかの問題を「ステークホルダー・マネジメント」といい，ステークホルダーに対する効率的な管理の必要性について強調している。さらに，彼らは効率的なステークホルダー・マネジメントを行うには，①「ステークホルダーは誰か」，②「ステークホルダーの利害は何か」，③「いかなる機会と課題が取り上げられているか」，④「自社はステークホルダーに対していかなる責任を負うか」，⑤「自社はいかなる戦略と行動をとるべきか」という問いに的確かつ機敏に対応することの重要性を力説している。

　企業を取り巻いている多様なステークホルダーに対していかなる義務を負うのか。そこで生じる問いが「なぜ企業はそのような義務を負い，その正当な理由は何か」である。これはステークホルダーが企業に対してあらゆる要求を行う際の根本的な「正当性」に関わる問題でもある。企業側にとっては「誰をステークホルダーとして見なすのか」という根拠に関わる問題であるのに対し，ステークホルダー側にとっては「なぜ自分たちが企業に対して利害関係にあると主張するのか」という根拠に関わる問題でもある。

　これらの問題は，その中身がステークホルダーの価値観や置かれている社会的背景によって変化しやすいという。ミッチェルら（Mitchell and Agle and Wood, 1997）はステークホルダーの性格を特定する分析の必要性を喚起し，彼らへの対応に優先順位をつけることを主張している。

　一方，宮坂（2005）によれば，企業がステークホルダーを管理する次元ではなく，一歩進んで①企業の存在する目的はステークホルダーのためであり，②経営者がエージェンシーとしてステークホルダーの利益のために働かなければならない「ステークホルダーの受託責任」が問われるべきであると主張してい

る。米国では経営者支配の問題が主な原因となり，1990年代には株主行動主義（stockholder activism）が台頭したが，その後，2001年12月に破綻したエンロンやワールドコム事件を契機に「ステークホルダー行動主義（stakeholder activism）」が現れたという。

　前者の株主行動主義とは，従来まで株式分散化によって株主総会への参加に消極的であった株主が，書面投票や株主総会への出席などを通して経営者行動の監視に積極的に転じた動向を意味する。すなわち，従来の株主が企業経営に不満を持っている場合に，株式を売却して意思表明をした「ウォールストリート・ルール（wall street rule）」に基づいて行動することからの転換を意味する。具体的には，カルパース（米国公務員年金基金）のような機関投資家は株主総会に積極的に参加し，株主の利益に反する意思決定を行う経営者に対しては彼らの持分に該当する議決権を行使して明確に意思表明を行った。

　これに対し，今後多くの国へ大きな影響を及ぼすことが予想される「ステークホルダー行動主義」とは，「ステークホルダーが当事者としての自覚を持って積極的に発言し行動すること」であり，そこには株主をもステークホルダーの1つとして位置づけ，ステークホルダーズ全体のパワーで企業を統治しようとする考えが込められている。

3　ステークホルダー・エンゲージメント

　ステークホルダー・エンゲージメントとは，「ステークホルダーの関心事項を理解し，企業活動や意思決定に反映する取り組み」を指す（田中，2006）。これは企業とステークホルダーとの関係の指針となるものであり，企業の意思決定のプロセスに参加することにより，当該企業におけるリスクやニーズを事前に把握することを主な目的とする。その主な手法には，①コミュニケーション，②コンサルテーション，③ダイアログ（対話），④パートナーシップがある。

　次に，ステークホルダー・エンゲージメントの成功の条件には何があるのか。ステークホルダー・エンゲージメントを成功させるためには，AccountAbility社が提供する3つの質問に答えることが重要である（AccountAbility, 2011）。

①「なぜ，ステークホルダーと対話（engage）するのか」

②「いかなる領域（scope）で対話するのか」

③「いかなるステークホルダーが対話に含まれる必要があるのか」

　フリードマンとマイルズ（Friedman and Miles, 2006）は，ステークホルダー・マネジメントとエンゲージメントの手法を開発した。ステークホルダー・エンゲージメントは，外部にいる個人やグループが情報提供のニーズを有しているという仮定から始まる。

　経営者たちは，サステナビリティ・レポートを準備する基礎（basis）としてステークホルダーの期待を利用できる。彼らはステークホルダーとのコミュニケーションを通して，ステークホルダーがいかなる期待を有しているか，それによって，経済的な成果をいかに生み出すのか，について理解することができる。

　ではステークホルダー・エンゲージメントとステークホルダー・マネジメントの区別はいかに行うのか。ステークホルダー・エンゲージメントが，協議（consultation）の下位の形態であるのに対し，ステークホルダー・マネジメントは課題（agenda）を統制すると同時に，それらの正当性を追求するものである（Manetti, G., 2011）。

　ステークホルダー・エンゲージメントの発展段階には，以下の 3 つがある。

①第 1 世代：当該企業が悪い評判（bad publicity）を避けるため，利益集団（interest groups）の圧力にとりあえず対処する段階

②第 2 世代：よりプロアクティブなアプローチであり，ステークホルダー・エンゲージメントを通して企業環境に対する理解を深めるように懸命に努力する段階

③第 3 世代：当該企業が競争優位性を維持するために，社会的・環境的・経済的な業績と連携することによって，ステークホルダー・エンゲージメントをガバナンス構造と合体させる段階

　ステークホルダー関係をガバナンスに統合するには，誰がステークホルダー

として関連し，合法的な関係であるかを明らかにすることが要求される。その
ような意味でステークホルダー・エンゲージメントは，ステークホルダー間で
正しい相互作用をもたらしたり，適当な責任を有するかを規定したりするよう
な「フィルター」として認識される（Pedersen, E. R., 2006）。

　近年，注目されているのがソーシャル・メディアであるが，これは専門的な
能力を持たない利用者（nonprofessional users）がコンテンツを共有しやすくなり，
それらを利用することによってアジェンダとしてより公な場に広げるのに貢献
する。

　ステークホルダー・エンゲージメント・プロセスは，AA1000SES がステーク
ホルダー・エンゲージメントの設計・実施・評価・伝達・保証の質を改善する
ための枠組みである。この枠組みの具体的なプロセスは，検討と計画（Thinking
and Planning），準備と実施（Preparing and Engaging），対応と測定（Responding and
Measuring）が示されている。

　しかし，ステークホルダー・エンゲージメントについては，以下のような諸
課題も山積している（文，2018）。

　第1に，日本ではステークホルダーとしての市民社会側の作用が必ずしも強
くない点である。

　第2に，ステークホルダー・グループによってかけられた圧力，行政区域を
横断して行われる協力や手順の形成，継続的な関係設定への具体的な対応策が
不足している点である。

　第3に，近年では，コミュニケーションの強力な手段として注目されている
SNS などのようなソーシャル・メディアの役割に目を向ける努力が必要な点で
ある。

　第4に，コミュニケーション・デザイン・プラクティスとしてのステークホ
ルダー・エンゲージメントの役割を考慮する必要性が生じている点である。

ストーリー　ミルトン・フリードマンの CSR 批判

　1970 年 9 月 13 日のニューヨークタイムズ紙に「CSR は企業の利益を増やすのか」 "The Social Responsibility of Business Is To Increase Its Profits," という批判的な記事 (epochal essay) が載っていた。当時フリードマン (M. Friedman) は，ノーベル経済学賞を受賞した新古典派経済学を代表する巨匠の 1 人であった。新古典派の基本的な考え方は，需要と供給によって価格が調整されることによって，資源の配分が円滑に行われるという市場メカニズムの役割を信奉していることである。

　同記事は当時大きな反響を及ぼし，米国では注目の的となった。彼は，「企業の社会的責任とは株主のために利益を追求することであり，それ以外の活動で責任を引き受けるのは自由社会の基盤を崩す恐れがある」と主張し，CSR を否定していた。フリードマンの論拠は，「企業の本分は事業を行うことである」("The Business of Business is Business") や「貪欲は善である」("Greed is Good") という当時の米国の伝統的な考え方に基づいている。特に，後者のセリフは，1987 年に上映された映画「ウォール街」のセリフの 1 つとしても有名である。

　フリードマンの主張によれば，企業を経営する経営者たちは企業の収益を増大させることに専念する以外に，社会的責任を果たしたりするような活動に目を向けてはいけないことを強調している。要するに，企業は企業の所有者である株主の利益を増大させることに専念する以外の活動をしてはいけないし，そのような活動は，むしろ選挙で選ばれた政治家と公共サービスを業務とする行政の仕事ではないかと主張したのである。企業の社会的責任という名の下で当該企業の経営者が経営資源の配分を歪曲すると，市場メカニズムの本来の機能，すなわち資源の的確な配分に「負」の影響を及ぼすことになるという。

　さらに，フリードマンは，以下のように，大学への寄付行為に対しても否定的であった。「社会的責任論の領域での 1 つの話題で，私自身の利害にも影響するので，是非触れておく義務があると感じるのは，企業は慈善活動を支援するために，またとりわけ大学に対して寄付を行うべきだという要求についてである。法人企業によるこのような贈与は，自由企業社会では会社の資金の不適当な使い方である。法人企業はそれを所有している株主の道具である。もし法人企業が寄付をするならば，それは個々の株主が自分の資金をどのように処分すべきかを自分自身で決定する自由を妨げることになる」と述べた。

　フリードマンの主張をまとめると，①企業の本来の責任は，自由経済のルールを守りながら，株主に対する配当責任を果たすこと，②そもそも企業が社会的責任を果たす能力が乏しいこと，③大学などへの寄付行為については企業の所有者である株主に聞くべきであるという 3 つである。

📖 話し合ってみよう！

1. フリードマンの社会的責任に対する主張の論拠をまとめよう。
2. 当時の社会的責任は，現在の企業に問われる社会的責任とどのように異なるのか。
3. 日本を代表する企業の CSR 活動の具体的な例をあげてみよう。

まとめ

◎第1に，「企業と社会」論は，米国で社会的問題を解決する過程で生まれた。同理論は，企業の社会的責任に関する研究，企業の即応性に関する研究，企業倫理に関する研究という3つの軸を中心に発展してきた。

◎第2に，CSR は社会的矛盾が頻発した 1960 年代から 70 年代の米国で始まり，1990 年代後半以後は欧州を中心にその重要性が問われている。

◎第3に，ステークホルダー理論は，規範倫理学と経営学を融合させる重要な理論である。その中心的な内容は，ステークホルダー・マネジメント理論とステークホルダー・エンゲージメント理論で構成されている。

参考文献

E・M・エプスタイン著・中村瑞穂他訳『企業倫理と経営社会政策過程』文眞堂，1996 年。
厚東偉介「社会的責任論の現状とステークホルダー概念の淵源について」『商学研究科紀要』早稲田大学大学院商学研究科，第 76 巻，2013 年，1-44 ページ。
佐久間信夫・田中信弘編著『現代 CSR 経営要論』創成社，2011 年。
田中信弘「CSR をめぐる理解」佐久間信夫編著『よくわかる企業論　第 2 版』ミネルヴァ書房，2006 年。
田中信弘「ソフトローとしての CSR 国際規格の有効性に関する分析フレームワーク試論　CDP によるエンフォースメントとエンゲージメントの検討」『日本経営倫理学会誌』第 24 号，2017 年，99-109 ページ。
田中信弘「CSR をめぐる理解（2）：実践編 佐久間信夫編著『よくわかる企業論　第 2 版』ミネルヴァ書房，2016 年。
田中信弘・木村有里編著『ストーリーで学ぶマネジメント』文眞堂，2019 年。

谷口勇仁「ステイクホルダー理論再考」『経済学研究』北海道大学，第 51 巻第 1 号，2001 年6 月，83-93 ページ。

谷本寛治『CSR―企業と社会を考える―』NTT 出版，2006 年。

谷本寛治編著『CSR 経営』中央経済社，2004 年。

出見世信之『企業倫理入門』同文館出版，2004 年。

中村瑞穂「日本企業と CSR」企業倫理研究グループ『日本の企業倫理―企業倫理の研究と実践―』白桃書房，2007 年。

林　順一「締役会の構成が温室効果ガス排出量削減に与える影響に関する一考察」『日本経営倫理学会誌』第 30 号，2023 年，89-102 ページ。

宮坂純一『ステイクホルダー・マネジメント―現代企業とビジネス・エシックス』晃洋書房，2000 年。

宮坂純一『ステイクホルダー行動主義と企業社会』晃洋書房，2005 年。

宮坂純一『道徳的主体としての現代企業』晃洋書房，2009 年。

文　載皓「ステークホルダー・エンゲージメントにおける理論的展開と課題」『常葉大学経営学部紀要』第 5 巻第 1・2 号，2018 年，149-154 ページ。

AccountAbility (2005), AA1000 Stakeholder Engagement Standard (ED).

Carroll, A. B., and Brown, J. and Buchholtz, A. K. (2017), *Business and society 10th Edition: Ethics and Stakeholder Management*, Cengage Learning.

Donaldson, T. and Preston, L. E. (1995), "The Stakeholder Theory of the Corporation: Concepts, Evidence, and Implications", *The Academy of Management Review*, Vol.20, No. 1, pp.65-91.

Friedman, A. L. and Miles, S. (2006), *Stakeholders: Theory and Practice*, Oxford University Press.

Manetti, G. (2011), "The Quality of Stakeholder Engagement in Sustainability Reporting: Empirical Evidence and Critical Points", *Corporate Social Responsibility and Environmental Management*, Vol.18, pp.110-122.

Mitchell, R. K. and Agle, B. R. and Wood, D. J. (1997), "Toward a Theory of Stakeholder Identification and Salience: Defining the Principle of Who and What Really Counts", *The Academy of Management Review*, Vol.22, No.4, pp.853-886.

Mrrenwijk, M. (2003), "Conceps and Definitions of CSR and Corporate Sustainability: Between Agency and Communication", *Journal of Business Ethics*, Vol.44, pp.95-105.

Pederson, E. R. (2006), "Making Corporate Social Responsibility (CSR) Operable: How Companies Translate Stakeholder Dialogue into Practice", *Business and Society Review*, pp.137-163.

Porter, M. E. and Kramer, M. R. (2006), "Strategy and Society", *Harvard Business Review*, December, pp.1-13.

Vogel, D. (2005), *The Market for virtue*, Brookings Institution Press. (小松・村上・田村訳『企業の社会的責任の徹底研究』一灯社, 2007年。)

Werther, W. B., Jr. and Chandler, D. (2011), *Strategic Corporate Social Responsibility*, SAGE.

第3章　企業倫理の理論的展開

学習目標

1. 企業倫理と関連する倫理学の基礎的な理論について取り上げる。
2. 企業倫理学の基本問題について検討する。
3. 企業倫理の新たな動向について明らかにする。

第1節　企業倫理学とは

　「21世紀は倫理の時代」といわれるほど，企業行動原理に倫理は欠かせない大きなテーマとなっている。20世紀に企業は組織としての急激な成長を遂げたが，90年代以後見られる経済のグローバル化の進展とともに多国籍企業の行動様式にも倫理性や社会性が厳格に問われている。

　企業倫理先進国として知られている米国で，企業倫理が経営学の一分野として正式な研究領域に認められたのは1980年代以後からである。企業倫理は学問体系として萌芽期，成長期，確立期に入っているものの，残されている課題は多いと考えられる。このように企業倫理は学問の一領域として徐々に体系化されつつあるが，社会問題などの現実的な矛盾を解決する社会的要請への対応という性格から成り立っていることも否めない。

　倫理学の基盤をなしている領域は実に多様である。今日の企業倫理学のベースとなっている西洋倫理学に限定して取り上げると，①倫理学史など倫理の実態を記述する歴史的かつ科学的研究に該当する記述倫理学，②分析哲学の影響を受け，倫理的命題の概念分析や倫理的理由づけの意義を探るメタ倫理学，そして③人間の行為や判断の規範的考察を探る規範倫理学という3つの領域から成り立っている（梅津，2002）。

　企業倫理について理論的に考察を行う前に，個人が自分の行動や決定につい

て「倫理的に」正当化する際の根拠となっているのは，①慣行，②原則，③倫理テストであるという（宮坂，1999）。この中で②の原則が，モラル規範を決定する最も重視されている要因として知られている。さらに，図表3－1が示しているように，倫理学において善悪を判断するための基準となっている一般的な理論には，目的論，義務論，正義論，社会契約論，権利論などがある[1]。さらに，この倫理学を成している基盤の判断基準として，人間の行為によって望ましい結果を手にすれば良いとみなす結果主義（帰結主義）と，行為の結果ではなく人間の意図や動機までをも考慮すべきであるという非結果主義に大別される。一般的に目的論が結果主義に該当し，義務論が非結果主義に属するという。

　しかし，従来の倫理学は人間が日常生活で直面するさまざまな現実の問題を解決するより，学問的で哲学的な言説の領域に傾斜していたため，しばしば非実用的であるという批判から逃れられなかった。

　そのような中，1970年代初頭に見られた医療と技術の進歩をめぐる議論から生成されたのが応用倫理学であり，現在は倫理学の一分野として確立されている。この応用倫理学は，生命・環境・情報・経済・政治・教育・企業など明確に区分された領域においてしばしば発生する倫理的問題を解決するために，一般的な倫理学の諸原理が利用されている。これらの諸分野は各々の分野で発展を遂げたため，高度な専門知識を要するなど従来の倫理学一般では対応できないような事態にもなっている（ビーチャム・ボウィ，2005）。

　一方，現代に入り，企業倫理先進国として知られている米国では，ビジネスの倫理問題を取り扱う企業倫理学は応用倫理学の1つとして，1960年代から70年代にかけて人種差別，環境汚染・破壊，人権，消費者，政治と経済の癒着などの社会全体の諸問題を解決するツールとして注目された。企業倫理は学問体系だけでなく，教育・制度という3つの主軸を中心に短期間で急速に発展してきたといえよう。上記の企業不祥事などにたとえられるように，米国社会からの大企業の行動様式に対する批判的な気運は多様な形で高まり，企業のあるべき姿が厳格に問われるようになった。それは結果的に企業倫理学を応用倫理学の一領域として発展させることはもちろん，経営学分野の中でも独立した学問領域として市民権を獲得したと考えられる。

図表3－1　善悪を判断するための基準となっている倫理理論

項　目	主要な研究者	主張する内容	問題点
目的論	ベンサム (Bentham, J.)	ある行動の価値はその目的と結果によって測定されるべきである	結果がすべてであり，その結果がよければ，正当化される帰結主義的な考え。行為や施策の本質や動機を無視する点
義務論	カント (Kant, I.)	純粋な動機の中で行為の正当性を見出す	要求する倫理水準があまりにも高いため，理想主義的になりがちな点
正義論	ロールズ (Rawls, J.)	行為の価値は，応報的正義，補償的正義，配分の正義が実現されたかによって判断される	不平等を容認する点，悪平等を推奨する点
社会契約論	ルソー (Rousseau, Jean-Jacques)	人民と国家との間には相互に契約を締結することによって社会や国家が成り立つ	人間論的基礎を探るあまりに，現実性や歴史性を欠いている点
権利論	ホッブズ (Hobbes, T.)	人間に対しては不可侵の権利を認めるという立場。社会全体の目標よりも個人の権利を保障することにウェートを置く	他の社会的目標より個人の権利を重視するあまりに，最終的な社会的目標を失う可能性がある点

出所：筆者作成。

第2節　企業倫理学の基本問題

　宮坂（1999）は企業倫理学の基本問題として，モラルの主体としての現代企業，企業倫理学からみた企業目的，社会契約論との関係，ステークホルダーの権利と義務，モラル意義高揚のための倫理教育について取り上げた。しかし，本章では「ステークホルダーの権利と義務」（第2章）と「モラル意義高揚のための倫理教育」（第4章）については他の箇所の内容と重複しているため省略する。

1　モラルの主体としての現代企業

　現代企業は生身の人間と同様に，一定の手続きを経ていれば法人格（legal personality）が与えられ，自由な事業活動が可能になる。ここでいう法人格とは「法律に基づいて団体に与えられる法律上の人格」のことを指す。先述したように，個人を対象にした倫理学の次元ではモラルの主体としての成人（個人）という前提が当然であるが，制度や組織を対象にした企業倫理学の次元においても企業がモラルの主体になるかについては別の検証が必要とされる。言い換えれば，これは「組織の倫理」が「個人の倫理」と同様に適用されるのかについての問いであろう。

　法人格が与えられている企業に対し，生身の人間と同様，モラルの主体として責任を追及することができるかについての論争がある（宮坂, 1999）。要するに，図表3－2が示しているように，「企業はモラルの主体になりえるか」について賛成と反対の意見があるという。宮坂の主張によれば，企業はモラル主体であることに対して賛成の立場にある考え方がモラル・パーソン（moral person）あるいはモラル・エージェンシー（moral agency）であり，明白な意図を有した

図表3－2　「企業はモラルの主体である」ことについての考え方

	主要な研究者	主な主張の根拠	備　考
賛成派	フレンチ (French, P.)	企業内に企業行動を制御できる意思決定構造があり，「意思決定ルール」と「政策・手続きルール」によって支持される	企業はモラル・パーソンである
	ラッド (Lad, J.)		企業はモラル・エージェンシーである
反対派	ディジョージ (De George, R.)	企業は特定の目的（利潤追求）のために設立された法的存在であるため，道徳的な責任を問うことができない	企業道徳的主体否定論
	ドナルドソン (Donaldson, T.)		企業のモラル上の義務の提示の必要性を主張

出所：宮坂（1999），64～78ページを筆者が整理。

行為者であると認識している。この考え方に賛同している代表的な研究者に，フレンチ（French, P., 1979），ラッド（Lad, J., 1981），ワーヘイン（Werhane, P., 1980），オザー（Ozar, D., 1979）などがいる[2]。企業に対する見方として，フレンチが企業を，通常の個人にモラリティ原則を適用する「モラル・パーソン」と見なしているのに対し，ラッドは企業の意思決定は組織に属する決定であると主張し「モラル・エージェンシー」と見なしている点が異なる。特に，ラッドの考え方は，サイモン（Simon, H.）の意思決定構造論に依拠したより発展的な考え方であると評価されている。フレンチは企業をモラルの主体と見なしている根拠は，企業内に規定されている「意思決定ルール」と「政策・手続きルール」であるという。これを「構造制約説」といい，組織がモラルの主体として制御できる最も重要な根拠として示されている。

　一方，キーリィ（Keeley, M., 1981），ディジョージ（De George, R., 1983），ドナルドソン（Donaldson, T., 1982），ベラスケス（Velasquez, M., 1983）などの研究者に代表される考え方は，企業モラル主体説に反対の立場をとる（宮坂，2008）。この考え方は，企業倫理の出発点として，現在の企業倫理学の根源的な考え方であるといっても過言ではない。これは本来，法人として問われる責任が有限責任や無限責任という法的責任に限定されるため，モラルの主体に問われる道徳的責任を追及することができないという点に注目する。したがって，構造制約説が，企業をモラル・パーソンやモラル・エージェンシーと主張したとしても，問われる責任はあくまでも法的責任に限定されるため，道徳的な責任まで追及することはできないという限界を指摘している。

　さらに，企業モラル主体説に対する批判として，不祥事などを引き起こした企業の場合，責任追及の対象として誰に責任が問われるかという問題が生じる（宮坂，1999）。すなわち，責任追及の対象として，①企業のみ，②個人のみ，③企業と個人両方という 3 つの類型が想定できる。しかし，実際に，モラルに反する事件・事故が発生した場合，責任追及は私たちが想像する以上に複雑な状況に置かれていることを理解しなければならない。例えば，横領事件が発生した場合に，その事件に加担した部署の特定の個人だけを処罰すればいいのか。さらに，特定の個人が起こしてしまった問題に対し，組織全体としての責任は

ないのか。いわゆる企業全体のシステムとして管理責任や監督責任は問われないのか。

　ということで，③の形にした場合には，より複雑な追及になるであろう。そこで「企業として責任をとり，同時に，直接決定した人の責任も問う」「企業として責任をとり，同時に，地位および知りえる情報量に応じて問われる，あるいはすべての構成員の責任を問う」という現実的な路線をとることも考えられる。しかし，両者にどの程度の割合で責任を追及するかについては，置かれた状況によっても異なるため，議論の余地が生じる。

2　企業倫理学からみた企業目的

　企業は本来，利潤追求を目的として設立されるのが許される。この点については，会社法や商法などで制度上認められている明確な目的として厳密で，しかも組織全体のレベルで検討しなければならない。場合によっては，利潤追求に尽大な貢献をした考えられるさまざまなステークホルダーに対して相応の経済的対価を支払うことを考慮しなければならない。その中でも株主，経営者，従業員などの主要なステークホルダーに対し，いかに蓄積された利益を配分するかという課題はもはや古くて根源的なテーマであろう。企業は投資者である株主のものであるという考え方をベースとして経営を行った英米型のコーポレートガバナンスに対する批判は後を絶たない。しかし実際に，企業の目的は利潤追求であるという命題が正しくないから，それに代わる何かを明確にする作業も「どの主体が，どこまで行うか」についての定義も曖昧なままで放置されているのが今日の現状であろう。

　経営組織論の創始者と考えられるバーナードが主張した，組織が成り立つための3要素の一つである「組織の目的は一体誰が決めるか」という問いには明確な答えを見出せないまま，私たちは現実の世界で生じる諸問題を目の当たりにしている。企業倫理，CSR，CSV に加え，近年話題になっている SDGs の動向からは目が離せない。さらに，日本で特に注目されているパーパス（purpose）の人気は収まるところを知らない。

　企業倫理を経営学の一分野として定着させたステークホルダー・セオリーを

主張したフリーマン（Freeman, R. E. 1984）の業績は大である。彼が当初から企業倫理や CSR の発展に貢献する意図で理論構成にチャレンジしたかについては，否定的な立場にあったと知られている。しかし，フリーマンの主張がステークホルダーという新たな観点に立ち，現代社会における企業のあり方について新たな分析の枠組みを提示したという評価は間違いない。

　ステークホルダー・セオリーの創始者ともいわれているフリーマンが最初，社会的責任論に対しては批判的な立場にあった新古典派経済学者のフリードマン（Friedman, M.）の主張に賛同していたことは興味深い事実である。彼の考え方は，チャリティ原則とスチュワードシップ原則を堅持していたカーネギー（Carnegie, A.）に基づいている。

　一方，フリーマンはステークホルダーの概念規定を策定するプロセスにおいて企業の目的の再定義の必要性について強調し，企業の目的を「ステークホルダー間の利害の調整の媒体（vehicle）」とした。これはエヴァン（Evan, W.）とフリーマンによれば，企業目的をストックホルダー・セオリーの「株主利益の最大化」としていた従来の考え方とは対比されるものであり，「人間の尊敬」というカントの格言を考慮に入れたものとして知られている[3]。

3　企業倫理と社会契約論との関係

　先述した図表3−1が示した善悪を判断するための基準となっている倫理理論に基づけば，ストックホルダー・セオリーの「株主利益の最大化」は義務論的な論理の立場にあるのに対し，ステークホルダー・セオリーは権利論的な立場に立脚していることがわかる（高・ドナルドソン，2003）。

　一方，国家が成り立つためには個々人が相互に結合し，自由と平等を最大限手にするためには，契約が必要であることを主張する社会契約論に基づく考え方もある。これはルソーによって提起され，近代国家観をなし得る基盤となっている。高・ドナルドソン（2003）によれば，この社会契約論的なアプローチは，企業の倫理的責任を追及する基盤として企業と社会との間に暗黙のうちに結ばれる「契約」の内容が重要な位置付けを占めるという。この契約の条項は時代とともに常に変化しており，決して一度明文化されたら，固定されてしま

うものを意味しないという。彼らはこの社会契約論的なアプローチは基本的に「我の存在根拠は我の中にある」という「無我」をベースとしているという。

17世紀から18世紀にかけてホッブズ，ロック，ルソーなどの学者を通して社会契約論が発展してきた。この社会契約論でいう「契約」の当事者は，国家と個人を指す。その個人は自由で独立した存在であり，国家の構成員として相互に平等に扱われる権利を享受することができるという。今日では当然というべき権利であるが，人権意識が乏しかった当時では革命的な思想であり，フランス革命を引き起こす原動力の1つとなった。その後，これらの考え方は，近代において国家の存在を正当化する根拠となっている。

この社会契約論は，現代の企業倫理学にも継承され，統合社会契約論の形になっている。その代表的な研究者にドナルドソンとダンフィー（Dunfee, T.）などがいる[4]。17世紀から18世紀にかけて全盛期を迎えたこの社会契約論は，統合社会契約論の形に進化を遂げたといえよう。ここでいう「統合」の意味するところは，①いわゆる普通の人間の「社会的相互作用の客観的で基礎的な基準」であり，「あるコミュニティの理性的メンバーの間の取り決めに言及する場合に使われる概念」を指す「マクロ社会契約」と，②マクロ社会契約が省略・無視していた点を補完する性格のものであり，コミュニティ内部に現実に存在する仮定上のものではない取り決めに言及するときに使われる概念である「ミクロ社会契約」との合体を意味する。結果的に，概念の統合により，従来のマクロ社会契約が有する欠点を補う効果が期待できる（宮坂，2003）。

この統合社会契約論は，従来の規範的企業倫理学を補完する意味を有し，契約論的なアプローチを加味した新たな展開である。ドナルドソンの主張によれば，ビジネスが有する特殊な性格の故に，現代の企業倫理学で問われている価値は，「実践的でしかも一般的に受け入れられる」ものでなければならないという。

統合社会契約論の重要なキーワードには，①限定された道徳合理性，②マクロ社会契約，③普遍的道徳原則の「超規範（hypernorm）」がある（Donaldson and Dunfee, 1995）。①については，モラルとして人々に完全な道徳合理性を要求するには限界があるという前提であり，ビジネスを行う上ではさらに重要なポイン

トになるという。②は，各々のモラル主体の行動を律する基盤のことをいう。このマクロ社会契約は当該コミュニティ・レベルに反映されるミクロ社会契約に適用され，コミュニティ成員からの合意の上に成立されることが要求される。

　③については，すべての人間に適用される根源的で道徳的なルールであると定義される。この超規範は，さらに宗教的・哲学的・文化的信念に反映されている。超規範は，各々の社会的および文化的コンテクストの中で具体化され，コミュニティに明示される規範である（De George, R., 2006）。超規範の共通の妥当性が仮定されており，超規範はローカル規範よりも優先される（Donaldson and Dunfee, 1995）。超規範は文化相対主義や道徳的相対主義の基本理念を否定するものである。近年，この超規範に関しては主にその有用性や具体化に関して議論が集中している。この超規範は，第 6 章において触れる多国籍企業の道徳的義務を規定する重要なツールとなっている。

　一方，この統合社会契約論が貢献した点は，ミクロ規範に依拠するアプローチとしてステークホルダー・マネジメントを行う際，現実のビジネスの世界において規範的基準の理想的な源泉となった点である。すなわち，各々のステークホルダーからの要請に優先順位を決め，きめ細かな対応を可能にした点であろう。

　さらに，宮坂（2005）によれば，日本の場合，終身雇用制度はミクロ社会契約に該当するものであり，日本に実在する慣行であるという。要するに，日本の企業社会では正規職で雇用されている従業員に対し，企業側はよっぽどの逸脱行為がない限り，退職まで雇用を維持するという暗黙の約束が存在していた。しかし，近年ではこのような「終身雇用の神話」が崩壊しつつあり，その傾向がさらに加速しているのが現状である。日本を代表する企業の多くが実際に終身雇用を放棄するように施策を打ち出して来ているからである[5]。彼によれば，これは従業員が当該企業に続けて雇用してもらうために必要とされる能力をいうエンプロイアビリティ（employability）に関わる問題であるという。したがって，従業員が企業に雇われ続けるためには，会社の多様な変化に対応でき，企業の事情によって異動や転職も受け入れざるを得ないという考えが根底にある。

第3節　企業倫理の新たな動向

　ここでは企業倫理と関連する実践的な課題として，パーパス経営，ダイバーシティ・マネジメント，美徳の市場などを中心に取り上げる。

1　パーパス経営

　気候変動や生物多様性の損失などの環境問題，格差の拡大や人権侵害などの社会問題が顕在化する中で，これまでの株主資本主義の在り方が疑問視され始めている。特に 2010 年代に入ってからは，「企業は何のために存在するのか」という企業の目的を問う議論が注目を集めている。経済界では近年，英語でpurpose，日本語では「パーパス」あるいは「パーパス経営」という言葉が飛び交っている。一般的に「パーパス」あるいは「パーパス経営」とは，組織は「なぜ存在するのか」，あるいはその「存在意義」を指す（Bartlett & Ghoshal, 1994）。この purpose はラテン語の「目的（propositium）」，「志す」，「意図する（propono）」と関係しているという（村元，2023）。「パーパスに基づいた経営（Purpose based management）」や「パーパスを原動力にしたビジネス（Purpose driven business）」という表現にしている場合もある。しばしば，ミッション，ビジョン，バリューと同様の意味として使われる場合もあり，概念上の区分には注意が必要である。

　このパーパス経営は，バブル経済崩壊後の日本企業再生へ新たな価値理念を模索しているところでその必要性が問われているといえる。特に，日本企業の強みと認識されていた現場の従業員と関連企業を重視する「志本経営（名和，2021）」「人的資本経営（小方，2023）」への回帰の重要性を再認識したところに意義がある。CSR, CSV, ESG, SDGs とは異なる社会性と倫理性の実現のための新たな思想の模索も提起される反面，経営者へのプレッシャーとなっているパーパス策定（ステークホルダーからの批判と再策定）もあり，パーパス策定のメリット（主要なステークホルダーとの一致団結など）とリスク（実態より飾り立てようとする誘惑）が共存しているのも現状である。

　『東洋経済』（2021 年 12 月）が掲載した記事で名和（2021）は「パーパス」を「今年最大の経営バズワード」と評価している。しかし，このようにパーパス経営が日本国内で注目されている背景は，欧米における一連の出来事から探ることができる。例えば，2018 年に世界最大の機関投資家であるブラックロック社の CEO ラリー・フィンク（Fink, L., 2018）が世界の大企業の約 1,000 社に対し，『ア・センス・オブ・パーパス（A sense of purpose）』というタイトルの書簡を送付した。彼は，その書簡の中で，政府だけでは社会問題を解決できないという見地に立ち，企業が積極的にそして自主的にこれらの諸問題に取り組むことの重要性について強調した。さらに翌 2019 年のフィンクの書簡（Fink, 2019）では，社会的な目的に基づいたビジネスを実施することの重要性についても強調したという[6]。

　さらに，新たな動向として 2019 年には米国を代表する大企業 181 社の CEO で構成されるビジネスラウンドテーブル（BRT, 2019）が「企業の目的の再定義」に関する声明を発表し，米国の主軸となっている団体や機関のリーダーたちから注目すべき動きがあったといえる[7]。

　しかし，近年大きな話題になっているパーパスであるが，多くの研究者たちによって学問的な定義がなされ，学会などでの議論を通して得られた統一された考え方は存在しないのが現状である。グラハム・ケニー（2019）によれば，「会社が会社自体をどう展望すべきか，どのように行動すべきかを強調する」ものであるとしている。

　またボストン・コンサルティング・グループ（2020）は，2 つの質問，「我々は何者か」「世界のニーズは何か」が交差する領域をパーパスと定義している[8]。同グループはパーパスについて，以下のように語っている。「その企業が社会のニーズに対して独自の強みを通じた提供価値である。最近のビジネス・リーダーは，自社のパーパス策定のプレッシャーを受けている。パーパス策定は一種の流行になっており，流行化の弊害も目立つ。パーパスの策定は，経済全体や一般会社における自社の役割を鮮明にすることであり，これにはプラス面とリスクもある」。

　さらに，パーパス策定のリスクは，「本来あるべきパーパスの決め方をすっ飛

ばし，早急に考え出そうとしたり，手抜きをしようとしたり，実態より飾り立てようとする際に発生することである」という。

　しかし，パーパスをめぐる議論上生じている混乱の最大の原因は，①コンピタンス（自社の商品，サービスが何の役に立つかという働き），②文化（何のために事業を行っているかという自社の意図），③大義（自分たちが目指す社会善（social good）であった。この中で最も注目されやすいものが大義型パーパスであった。「パーパスに基づいた経営（Purpose based management）」や「パーパスを原動力にしたビジネス（Purpose driven business）」と表現している場合もある（DIAMOND ハーバード・ビジネス・レビュー編集部，2021）。

　しかし，パーパス自体が広義の経営理念を意味するものではない。経営理念とは別の存在として，ブランドスローガンやブランドパーパスとして位置づけられている企業もある。典型的な企業はパナソニックグループである。「経営理

図表 3 − 3　日本企業のパーパス経営の事例

企業名	制定年度	パーパスの内容
ソニー	2019 年	「クリエイティビティとテクノロジーの力で，世界を感動で満たす」
ナイキ	2016 年	「スポーツを通じて世界を一つにし，健全な地球環境，活発なコミュニティ，そしてすべての人にとって平等なプレイングフィールドをつくり出す」
味の素	2014 年	「アミノ酸のはたらきで食習慣や高齢化に伴う食と健康の課題を解決し，人びとのウェルネスを共創します」
ユニリーバ	2011 年	「サステナビリティを暮らしの“あたりまえ”に」
三井住友トラスト・ホールディングス	2020 年	「信託の力で，新たな価値を創造し，お客さまや社会の豊かな未来を花開かせる」

出所：「PURPOSE パーパス会社は何のために存在するのか　あなたはなぜそこで働くのか」『DIAMOND ハーバード・ビジネス・レビュー』DIAMOND ハーバード・ビジネス・レビュー編集部（編集，翻訳）2021 年 10 月 6 日。

念と言えばパナソニック」と言えるほど，パナソニックにおける経営理念は重要な存在であるが，そこには関わらない形でパーパスが新たに制定，公開されている。すなわち，2022 年 4 月に発表したプレスリリースでは同社のパーパスを表す「ブランドスローガン」として「幸せの，チカラに」を発表している[9]。同社によれば，2021 年 10 月に改定した経営基本方針として「物と心が共に豊かに理想の社会の実現を目指す」ことを明示したという。

2　ダイバーシティ・マネジメント

　ダイバーシティ・マネジメント理論では，女性や高齢者，外国人など多様な人材を有効に活かす必要性に注目している。このダイバーシティ・マネジメントは，雇用形態の多様化，組織パフォーマンスの向上，「個を生かす」などの目的で実に数多くの議論が行われているが，「議論の乱立」というほど概念自体が定着していないのも事実である。

　また，本来ダイバーシティ・マネジメントは米国で誕生したという背景から，批判的に捉える論者が多いのも実情である（有村，2008）。例えば，米国人（特に白人）が中核をなし，彼ら以外の人種を有効に活用するという動向がそれに該当する。このような見方は，日本においても「日本人・男性・正社員」を中核人材として捉え，それ以外の人々，すなわち女性や外国人などを有効活用する必要性に注目しているが，根本的な問題点として彼らを補助的な人材としてしか認識していない点があろう。このようにダイバーシティ・マネジメントが有する本質的な側面より，批判的な意見や態度の出現によって議論が展開されている面も否めない。

　近年では労働力供給構造や就業者の価値観の変化に伴い，先述した「日本人・男性・正社員」の人材層の縮小への対応，市場環境の不確実性やグローバル化の進展の中で，多様な職能や異質な価値観を有する人材の必要性に迫られている（佐藤・武石，2017）。

　一方で，ダイバーシティ・マネジメントに関する「負」の側面を強調する研究もある。例えば，同質性と異質性（Homogeneity and Heterogeneity）についてである。基本的に異質性の強い組織ではメンバー間の意見の衝突により，「負」の

影響を及ぼしている（Horwitz and Horwitz, 2007）。さらに，意思決定における高度な複雑性が意見の衝突を引き起こす主要な原因となり，業績に対して「負」の影響を及ぼす可能性が高いのである（Harjoto et al., 2015）。さらにダイバーシティがコミュニケーション，組織凝集力，離職に対しては「負」の影響を及ぼしている点に注目する研究もある（Jackson et. al, 2011）。

ダイバーシティ・マネジメントが成功する条件として，以下の３つの要因の必要性が問われている（佐藤・武石，2017）。それは「多様な人材を受容できる組織風土をいかに改革するか」「従来維持してきた同質的な人材を活用して人事管理システムをいかに改革するか」「ワーク・ライフ・バランスの定着を担う管理職をいかに育てるか」という根源的な問いについてである。これらの問いに日本企業がいかに対応するか，今後の競争優位性を維持または獲得する上で大きな期待が寄せられている。

昨今では，温室効果ガス減少のための取締役会の役割についても注目されている。コーポレートガバナンスのメカニズムが，環境と気温の上昇と関連するリスクの監視における企業のエンゲージメントに重要な役割を果たすという（Peter & Romi, 2014）。

3　美徳の市場

2000 年代半ば，CSR などのような企業の倫理的かつ社会的行動が採算につながるという考え方として注目されたのが「美徳の市場（Market for virtues）」である。ヴォーゲル（Vogel, D., 2005）は CSR に対する企業の漠然とした認識を指摘し，実際の行動パターンは目指すべき方向と異なる傾向があり，企業戦略として CSR などの重要性について強調している。彼は「企業がどの程度社会的責任を果たしたかによって，企業の売上，就職先としての魅力，資金調達などに影響を及ぼすことはほとんどなかった」と主張した。さらに，彼によれば，多くの企業が CSR は重要であるという認識はあるものの，実際には CSR などの倫理的行動をとるには，企業にとって採算が合う場合のみ維持が可能であると主張している。例えば，「市民規制」に対応して社会や環境に関する慣行を変えたりすることがその典型的な事例であるという。

　ここではヴォーゲルが主張した「美徳の市場」に注目する。まず，「美徳
（virtue）」とは「その持っている性質とその人のした行いの中で，ほめられるべ
き点」（『新明解』第六版），あるいは「質の高い道徳規範を見せる行為あるいは態
度」（Oxford Advanced Learner's Dictionary 7th edition）を意味する。それでは，「企
業の美徳（corporate virtue）」と「人間の美徳（human virtue）」とはいかに異なる
のか。基本的に，「企業の美徳」はアリストテレスによって主張されていた「人
間の美徳」と相当異なる。すなわち，「人間の美徳」とは異なり，企業の美徳は
究極的な限界を追求する際にも「悪」にならないのである（Gowri, A., 2007）。

　ガウリ（Gowri, A., 2007）によれば，人間は美徳を追求する際に，生まれつきの
性向（natural tendencies）あるいは欲求（appetites）を回避することに注意を払う
のに対し，企業は手段の方向を統制すべき欲求を有していない。企業の美徳に
は，道徳的な危険性（moral peril）を持たないまま，極限まで自然な傾向を追求
することが含まれている。

　そして，「企業の美徳」と関連する表現には，「企業の美徳に対する市場（market
for corporate virtue）」（Vogel, D., 2005），「道徳の市場（marketplace for morality）」
（Dunfee, T., 1998）などがある。

　まず，前者の場合は，「市民規制（civil regulation）」という観点から，市場
（market）が企業の美徳に関わる慣行に及ぼす諸力に注目している。具体的には，
責任をもって製造された製品に対する消費者の需要，消費者の不買運動の実行
ないしその脅威，企業の評判に対する NGO の挑戦，社会的責任投資家からの圧
力，管理職や一般従業員が抱えている価値観などがある。

　このツールは，経営者（executives）が直面している深刻なジレンマ，すなわ
ち，①競争相手が避けている高度のイニシアチブを受け入れるなら，競争優位
上不利に立たされてしまうかもしれない問題，②高度の規制を受け入れるなら
ば，より低い規制を行っている諸国に事業の機会を奪われてしまうかもしれな
い問題などについて分析するのに有用な手段となる。

　さらに，マーティンによれば，これらの「企業の美徳」には 2 つのカテゴリ
が存在するという（Martin, R., 2002）。つまり「美徳の市民的な基礎（Virtue's Civil
Foundation）」と，「美徳の領域（Virtue's Frontier）」があるという。

　まず,「美徳の市民的な基礎」とは責任ある企業行動,住居慣習,規範,法律,規制などの慣習 (common law) のことを意味する。これは究極的に社会的責任と株主価値を増進させるが,社会からの要請に根本的に応えるという期待には至らない程度にとどまる。これは企業が従業員の扶養家族に福利福祉の便益を提供するなどの行動を意味する「選択 (choice)」と,従業員安全保護法 (worker-safety laws) などを守るような行動を意味する「コンプライアンス (compliance) に対比される。

　第2の「美徳の領域」は,正しいことを行うことを考慮するための企業の行動を指す。このような行動は株主価値に直接的な上昇をもたらさないかもしれない。この「美徳の領域」は,株主価値に反する行動である「構造的な (structural) 領域」と,会社の利益創出に貢献する冒険的な行動を指す「戦略的 (strategic) 領域」に分かれる。

　さらに,マーティンによれば,美徳の市場が成り立つのための前提には,以下の4つがあるという。

① 前提1：企業が内部にCSR体制を維持するためにはコストがかかる（美徳の供給）。
② 前提2：美徳の需要は,コストより便益 (benefit) が大きいか,少なくとも両者が同じ場合にのみ生まれる。
③ 前提3：「美徳に対する市場」は,財やサービスが取引される一般的な市場とは異なる。すなわち,価格 (price) 機能の代わりに,利害関係者からの評判 (reputation) か彼らからの圧力が基準となる。
④ 前提4：制度,研究,教育,実践という側面から,美徳の供給は主に企業行動様式上の社会と環境への配慮となる。具体的には,企業内部での企業倫理の制度化という形で行われる。例えば,米国の「企業改革法」の制定によって会計士および内部統制管理の経験者などの内部統制の専門家の需要が急激に増加したことがある。

　先述したようにCSRや企業倫理などの現実的な必要性を問う興味深い考え方は,多くの批判的な見解や態度を有する研究者からの牽制を受けながら1つの確立した分野として顕在化している。

ケースで学ぶ　『美味しいコーヒーの真実』で描かれているコーヒー農家の現実

　2006 年に公開された英米合作映画である『美味しいコーヒーの真実』が大きな反響を及ぼした。この映画では，コーヒー農家の多い国の 1 つであるエチオピアの厳しい現実が生々しく描かれている。近年，世界的にも注目されているフェアトレード推進の重要性について取り上げてられている。さらに，現地の生産者であるエチオピアの農家が栽培しているコーヒー豆が，いかに国際取引市場，国際的なコーヒー生産メーカー（スターバックスコーヒーなど）などの流通プロセスを経て私たちのような消費者の手に届くかについて再現されている。全世界で 1 日に消費されているコーヒーの量は 20 億杯以上であるという。しかし，その全体の利益の中でコーヒー生産農家が手にとるものはわずか 1－3％しかないという厳しい現実が描かれている。さらに，現地のエチオピアの工場で新鮮なコーヒー豆の選り分け作業に携わっている女子工員たちの 1 日の賃金は，わずか 0.5 ドルしか受給されない事実も明らかにされている。

　確かに同映画に登場する人物は架空の者だとの前提で，単に小説の中であり得る架空のストーリーとして受け入れている人たちも多い。しかし，コーヒー生産農家の若者が父のコーヒー畑作業を家業として受け継ぐ中で，日々の貧しい生活を目の当たりにすることはもちろん，教育も受けず将来の夢に向けて希望を持てない場面は，その映画を見る人の心を揺さぶるのであろう。

　コーヒーの世界的な取引量が石油に次ぐ第 2 位である現実を考えると，ますます生産農家と仲介業者，生産メーカーとの間の公正な取引，すなわちフェアトレードが必要なのではないか。近年，国連でも注目されているサステナビリティ（持続的な発展）のためにも，片方だけの一方的な利益享受は避けるべきではないかと考えられる。日本には古くから受け継がれている「共生」または「ともいき」という優れた考え方があった。「CSR の源流」ともいわれている「三方よし」の精神こそが，現代の企業に必要な思想ではないか。

 話し合ってみよう！

1. 映画『美味しいコーヒーの真実』の中で発生している，コーヒー生産農家が貧しい生活を強いられる根本的な原因は何かについて話しなさい。
2. フェアトレードの重要な意義について，サステナビリティの観点から考えなさい。
3. フェアトレードの対象になっている商品について取り上げなさい。

まとめ

◎第1に，企業倫理学は，目的論・義務論・正義論・社会契約論・権利論など
の理論的基盤の上で成り立っている。さらに，企業倫理学を応用倫理学の一
領域として発展させることはもちろん，経営学分野の中でも独立した学問領
域として市民権を獲得している。
◎第2に，企業倫理学の基本問題として，モラルの主体としての現代企業，企
業倫理学からみた企業目的，社会契約論との関係，ステークホルダーの権利
と義務，モラル意義高揚のための倫理教育などがある。
◎第3に，企業倫理の新たな動向としてパーパス経営，ダイバーシティ・マネ
ジメント，美徳の市場などがある。

【注】
1）善悪を判断するための基準となっている一般的な理論については，以下の文献を参照さ
れたい。
梅津光弘『ビジネスの倫理学』丸善出版，2002年，41-80ページ。
宮坂純一『ビジネス倫理学の展開』晃洋書房，1999年，77-99ページ。
高浦康有・藤野真也『企業倫理入門』白桃書房，2022年，15-40ページ。
2）企業道徳的主体論争についてのさまざまな考え方については，宮坂純一『なぜ企業に倫
理を問えるのか―企業道徳的主体論争を読み解く―』萌書房，2018年を参照されたい。
3）Evan, W. and Freeman, R. (1988), "A Stakeholder Theory of Modern Corporation:
Kantian Capitalism", in Beauchamp, T. and Bowie, N., *Ethical Theory and Business (eds.)*,
3rd ed., Prentice-Hall, p.76. を元に，宮坂純一『ビジネス倫理学の展開』晃洋書房，1999年，
116ページで再引用。
4）Donaldson, T. and Dunfee, T. W. (1995), "Contractarian business ethics: Current status
and next steps", *Business Ethics Quarterly*, 5 (2), pp.173-186.
Donaldson, T. and Dunfee, T. W. (1995), "Integrative Social Contracts Theory：A
Communitarian Conception of Economic Ethic", *Economics & Philosophy*, Vol.11, Issue 1,
pp.85-112.
Donaldson, T. and Dunfee, T. W. (1999), *Ties That Bind: A Social Contracts Approach to*

Business Ethics, Cambridge: Harvard Business School Press.

5）例えば，トヨタ自動車の前社長であった豊田章夫氏が 2019 年 10 月 13 日に日本自動車工業会の会長会見の場で，「雇用を続ける企業などへのインセンティブがもう少し出てこないと，なかなか終身雇用を守ってくれるのが難しい局面に入ってきた」と語った。

6）Fink, Larry（2019）, LARRY FINK'S 2019 LETTER TO CEOs, Purpose & Profit（htttps://www.blackrock.com/conrporate/investor-relations/2019-larry-fink-coe-letter），2024 年 1 月 8 日閲覧。

7）「Business Round Table, STAEMENT ON THE PUPOSE OF A CORPORATION Q&A」（https://www.businessroundtable.org/purpseanniversary），2024 年 1 月 7 日閲覧。

8）BCG BrightHouse「パーパス（存在意義）」（https://www.bcg.com），2024 年 3 月 28 日閲覧。

9）「パナソニックグループの存在意義（パーパス）」（https://www.panasonic.com/jp/press/jn220401-9/），2024 年 3 月 28 日閲覧。

参考文献

有村貞則『ダイバーシティ・マネジメントの研究』文眞堂，2007 年。

有村貞則「日本のダイバーシティ・マネジメント論」『多文化経営研究』異文化経営学会，Vol.5，2008 年，55 ～ 70 ページ。

梅津光弘『ビジネスの倫理学』丸善出版，2002 年。

グラハム・ケニー「パーパスの変化は戦略にどのように影響をもたらすか」『DIAMOND ハーバード・ビジネス・レビュー』DIAMOND ハーバード・ビジネス・レビュー編集部，2022 年。

経営倫理学会編『経営倫理入門』文眞堂，2023 年。

佐藤博樹・武石恵美子編『ダイバーシティ経営と人材活用』東京大学出版会，2017 年。

DIAMOND ハーバード・ビジネス・レビュー編集部「PURPOSE パーパス会社は何のために存在するのか　あなたはなぜそこで働くのか」『DIAMOND ハーバード・ビジネス・レビュー』2021 年 10 月 6 日。

高・ドナルドソン『ビジネス・エシックス【新版】企業の社会的責任と倫理法令遵守マネジメント・システム』文眞堂，2003 年。

高浦康有・藤野真也『企業倫理入門』白桃書房，2022 年。

トム・L・ビーチャム，ノーマン・E・ボウィ著・加藤尚武監訳『企業倫理学 I』晃洋書房，2005 年。

名和高司『パーパス経営』東洋経済新報社，2021 年。

宮坂純一『ビジネス倫理学の展開』晃洋書房，1999 年。

宮坂純一『企業は倫理的になれるのか』晃洋書房，2003 年。

宮坂純一『ステイクホルダー・マネジメント―現代企業とビジネス・エシックス』晃洋書房，2005 年。

宮坂純一『ステイクホルダー行動主義と企業社会』晃洋書房，2005 年。

村山元理「海外におけるパーパスの展開と経営学」『2023 年度日本マネジメント学会第 88 回全国研究大会要項集』2023 年，21-24 ページ。

De George, R. T. (2006), "The History of Business Ethics." Epstein, M. J., & Hanson, K. O. ed. *The Accountable Corporation, Vol.2—Business Ethics—*, Praeger.

De George, Richard T. (2013), *Business Ethics, 7 Edi.*, Prentice Hall.

Donaldson, T. and Dunfee, T. W. (1995), "Integrative Social Contracts Theory: A Communitarian Conception of Economic Ethics", *Economics and Philosophy*, Vol.11, Issue 1, pp.85-112.

Dunfee, T. (1998), "The Marketplace of Morality: First Steps toward a Theory of Moral Choice", *Business Ethics Quarterly*, Vol.8, No.1, pp.127-145.

Fink, L. (2018), *A Sense of Purpose*, BlackRock, Inc., on Wednesday, January 17, 2018.

Freeman, R. E. (1984), *Strategic Management: A Stakeholder Approach*. Pitman, Boston.

Ghoshal, S. and Bartlett, C. A. (1994), "Linking organizational context and managerial action: The dimensions of quality of management", *Strategic management Journal*, Vol.15, pp.91-112.

Gowri, A. (2007), "On Corporate Virtue", *Journal of Business Ethics*, Vol.70 No.4, pp.391-400.

Harjoto, M., Laksmana, I., & Lee, R. (2015), "Board diversity and Corporate Social Responsibility", *Journal of Business Ethics*, Vol.132 No.4, pp.641-660.

Horwitz, S. K. and Horwitz, I. B. (2007), "The Effects of Team Diversity on Team Outcomes: A Meta-Analytic Review of Team Demography", *Journal of Management*, Vol.33, Issue 6, pp.987-1015.

Jackson, S., and Joshi, A. and Erhardt, N. (2003) "Recent Research on Team and Organizational Diversity: SWOT Analysis and Implications", *Journal of Management*, Vol.29, pp.801-830.

Martin, R. (2002), "The Virtue Matrix: Calculating the Return on Corporate Responsibility", *Harvard Business Review*, Vol.70, pp.68-75.

Vogel, D. (2005), *The Market for virtue*, Brookings Institution Press.（小松・村上・田村訳『企業の社会的責任の徹底研究』一灯社，2007 年。）

Peters, G. F. and Romi, A. M.（2013）, "The Association between Sustainability Governance Characteristics and the Assurance of Corporate Sustainability Reports, Auditing", *A Journal of Practice & Theory*, Vol.34 No.1, pp.163-198.

第4章　各国の企業倫理

学習目標

1．米国の企業倫理の特徴について検討する。
2．日本の企業倫理の特徴について取り上げる。
3．日米韓の企業倫理を比較する。

第1節　米国の企業倫理

1　企業倫理の形成期（1960年代から1980年代）

　米国は，個人主義，公正重視傾向，多民族性，フェミニズムの浸透などが混在するような特徴を有する（Nashi, L. L., 1991）。このような環境で企業倫理はいかに形成・発展しているのであろうか。1960年代から1980年代までの間に米国の国内の諸問題が主な原因で企業倫理が形成されたのに対し，1990年代以後は旧ソ連の崩壊後，米国を中心とする経済のグローバル化や情報化の急激な進展のような新たな経営環境の下で，グローバルなレベルで企業倫理の問題が発展または拡散されているといえよう。

　米国経済社会において企業倫理が形成された時代的な背景を歴史的に辿ると以下のようである。米国の企業社会において，1929年に勃発した世界大恐慌の後に制定された金融証券取引法と独占禁止法の制定があった時期を企業倫理の前史とするならば，国全体の観点から企業内部の企業倫理体制作りに取り組み始めたのは1960年代から1970年代までの間の時期として認識されている。この時期に注目するのは，州ごとに各々定められていた企業活動への規制の範囲が，連邦政府の次元にまで引き上げられたからである。1960年代にはベトナム戦争への参戦反対運動による社会的良心の高まりと，環境基準や雇用機会均等制の導入が見られている。1970年代には，雇用に対する人種的な差別を防止す

るための公民権運動，消費者を不正な貸金業から保護するための消費者信用保護法の制定，政治と経済の癒着がもたらしたウォーターゲート事件の発生が注目を浴び，従来何の規制もなかった企業行動様式に対して社会が本格的に規制し始めた時期として認識されている。

さらに，1970 年代末に発生した「ロッキード事件」は，日本の総理大臣まで関与した大きな事件として知られており，当時，米国内の国民に限定されていた法的適用の範囲を海外での活動にまで広げ，外国公務員に対する不正な資金提供・支出を摘発できる「海外腐敗防止法」の制定にまで至るきっかけとなった。

このように，1970 年代は米国社会において企業活動を社会的に制約しようとする傾向が強くなった時期であり，全社会的な規模で制度として規制することによって，さまざまな努力とその成果が見られたと考えられる。

そして 1980 年代は米国経済の不況と，M&A がいわゆる「金儲けの手段」として流行した時期であり，企業倫理の問題が個人の価値観，倫理観の問題にまで深められた時期である。特に 1980 年代は，旧ソ連のアフガニスタン侵攻を契機に，レーガン政府が標榜した「パックスアメリカーナ」政策が当時の軍事産業を腐敗させた直接的な原因となった。中世のローマ帝国が標榜した「パックス・ロマーナ」を真似て，強力な軍事力によって世界を支配するという政策的方針は逆に米国の軍需産業において談合，賄賂，水増し請求，キックバックなどの不正行為を助長する結果となった。

1980 年代半ばに生じた軍需産業のスキャンダルは「DII 原則」(Principles of Defense Industry Initiative on Business Ethics and Conduct) と呼ばれる 6 つの原則を生み出す原因となった。レーガン政権が軍需産業で起きた不正請求事件を調査するために立ち上げた組織が，政府関係者と民間人で構成された「国防に関する大統領ブルーリボン諮問委員会」(The President's Blue Ribbon Commission on Defense) であった (梅津, 2003)。すなわち，国防力を強化するために果敢に行った規制緩和と自由化路線が産軍融合体の癒着体制を形成してしまったのである。

米国における企業倫理理論の学問的起源は，哲学・倫理学を基盤とする応用倫理学 (applied ethics) の一部として認識される企業倫理学の流れと，経営学の

一部として「企業と社会」（Business and Society）論をベースとする社会科学からのアプローチが同時期にみられた。

　前者の場合は，言語と概念の分析に偏る分析哲学に見られるような，極端に倫理志向的な傾向が倫理実証主義の立場からの批判を受け，実際の現代社会で生じているさまざまな問題に注目するなど，より実践的な課題解決を目指すアプローチとして出発した。

　後者の場合は，経営学の方法論と伝統を継承しながら，実証社会科学の方法論を採用する傾向が強い。「企業と社会」論や「経営における社会的課題事項」（Social Issues in Management；SIM）という形で，特定領域における企業と社会との間の多面的な関係を個別的諸事項として取り扱ってきた（中村，1994）。「企業と社会」論が大学の学部や大学院の学科目の名称やテキストのタイトルとして使用される一方で，SIM は 1971 年に米国の経営学会（The Academy of Management）の部会名として使われた。

　これらの両分野は相互の持続的交流ならびに相互補完的な協力の展開を通して企業倫理の研究および教育に貢献し，具体的には企業倫理と関連する定期刊行物の数，学部および大学院における企業倫理関連開講科目数などの増加につながる結果となった。

　しかし，1970 年代半ばに入り，アッカーマンとバウアー（Ackerman, R. W. and Bauer, R. A.）は当時の社会的責任について重大な限界があることを指摘する。社会的責任の概念の有効性にある種の問題，すなわち，当時，社会的責任を企業戦略の社会的貢献活動の１つとして認識するのは，社会的要求に単に消極的に対応するという受動的な対応にしか過ぎないと批判した。したがって，彼らが提示した「企業の社会的即応性」（Corporate Social Responsiveness）による課題事項管理（Issue Management）の要請とともに企業の社会的責任はさらなる展開を遂げるようになる。ここでいう「即応性」の意味は，単にある行動に対して反応的（reactive）になることを示すのではなく，「予測的」（anticipatory），「先行的」（proactive）な行動をとることを意味する。

　その後，アッカーマンとバウアーによって補強された社会的責任の概念は，フリーマン（Freeman, R. E., 1984）が主張した「利害関係者」（stakeholder）の概

念と，エプスタインの「経営社会政策過程」（Corporate Social Policy Process）によってさらなる理論的な進展が見られ，1980 年代はまさに「企業と社会」論と企業倫理学を融合するプロセスを経ていく時期となった（Epstein, 1989）。

　第 1 の「利害関係者」とは，「組織目的の達成に対して影響を及ぼす，もしくはそれによって影響を受ける集団ないし個人」を指し，合成語となっている"Stake"の意味は「賭け事，掛け金，金・名誉・生命などをかける」という意味となる。特に，このステーク（stake）という用語は，本来ポーカーのようなゲームの「掛け金」を意味しており，ステークホルダーは企業とともにある程度の経済的な価値をともに危険にさらしている存在を意味している。先述したように，1984 年のフリーマンの著書『戦略経営論（Strategic Management)』の公刊をきっかけに，利害関係者（ステークホルダー）という概念が経営学の中で一般的に使用されるようになった。それまで「企業は株主のもの」という伝統的価値観だったものが，より多くの利害関係を有する主体まで含む広義の概念として認識された[1]。

　第 2 の「経営社会政策過程」は，エプスタインによって 1980 年代半ばに提唱されたものである。彼は企業組織における意思決定プロセスの中で価値的考慮の制度化を試みた際に，実践的な課題として「経営学はいかなる貢献をするのか」という問いから始める。彼はこれらの課題との関連で，伝統的な概念である企業倫理，社会的責任，経営社会即応性がそれぞれ異なる概念ならびに過程を内包しているため，これら三者の中心的な要素を結合・統合する第四の統一的な概念アプローチの必要性について取り上げた。その答えとして，経営社会政策過程の必要性について力説している。言い換えれば，この概念は，理想的には企業の内部に価値的考慮の明確化・制度化ならびに吟味を円滑にすると同時に，当該企業の全体的な社会業績を評価する手段を提供するアプローチである。この概念の核心的な部分は，企業倫理・社会的責任・経営社会即応性のそれぞれから取り出された要素を企業内部にいかに制度化（institutionalization）するかにかかっているといえよう。

　この統合的概念をなす分析的要素には，関係と相互作用，課題事項または政策的考慮事項，問題，評価基準，目標，意思決定過程，実施指導，評価などの 8

つの要素があり，それらの要素は相互に関連している。

　さらに，彼はこの3要素の統合によって基礎概念を構築すると同時に，企業行動に対する社会的制御，すなわち，公的規制，自主規制，経営倫理（corporate ethics）などの併用の必要性についても強調している（Epstein, E. M., 1993）。

　また，1980年代半ばまでに，研究や教育の質・量ともに，企業倫理は学問としての確たる地位を確立した。具体的には，全米の大学での企業倫理学の開設講座数，ビジネス・スクールでの企業倫理に関連した教育訓練の数，企業倫理学の教科書の数，企業倫理関連研究所数，企業倫理に関連した寄付講座数などに急激な増加があった（DeGeorge, R. T., 1987）。

2　企業倫理の発展期（1990年代）

　企業倫理は1960年代から80年代の形成期を経て，1990年代は米国で本格的に発展した時期になるが，その主な特徴は，企業倫理が企業内部に制度として定着した点と，それを支える教育・訓練システムが整備された点であろう。前者は企業倫理の制度化（institutionalization of business ethics）といわれ，1990年代に大きな進展が見られる。さらに，同時期には企業倫理教育のための多様なカリキュラムや寄付講座などの導入も見られる。企業倫理の制度化については，第5章の「企業倫理の制度化」でその詳細について触れることにする。

　まず，企業倫理の制度化については，主に1991年に制定された「連邦量刑ガイドライン」（Federal Sentencing Commission's Guideline）の制定に起因する。これは7つの項目の詳細な倫理プログラムが中に組み込まれているガイドラインを有している企業に対しては，仮に非倫理的な行為が見つかったとしても，それを設置していない企業よりは寛大な処罰を下すという政策的な狙いであることに他ならない。このガイドラインは1980年代にすでに制定された「DII原則（the Defense Industry Initiative on Business Ethics & Conduct, 防衛産業イニシアチブ）」がその前身である。この原則はパックス・アメリカーナ政策を打ち出したレーガン政権が標榜した後，生じた企業不祥事への対応策として知られている。

　しかし，2001年にエンロンやワールドコムのような巨大企業の破綻をきっかけに，単なる企業倫理の制度を導入することの限界が露呈し，サーベンス・オ

クスレー法（Sarbanes-Oxley Act：SOX 法）の制定に至るようになる。すなわち，外部からの強制的な規制を意味するコンプライアンス型の企業倫理制度改革の推進に乗り出すことになった。

　さらに，「連邦量刑ガイドライン」は 2004 年に改定され，1991 年に制定されたガイドラインの不備な点の補足と SOX 法で導入された内容が盛り込まれる形に変容した。

　一方，このような企業倫理における制度的な整備の進展は，効果的な教育カリキュラムの改善をもたらした（李, 2012）。特に，ビジネス・スクールにおける企業倫理教育のためのカリキュラム上の改革が進んだと評価されている。AACSB（The Association to Advance Collegiate Schools of Business）が 2003 年に行った評価によれば，新たな学習方法が導入されたという。さらに，1980 年代には企業倫理に関連した多くのテキストが出版され，20 冊以上の企業倫理のテキストが改訂増補されているという（村山・村山, 1994）。

　しかし，最初から経営学分野で人文科学的な側面が導入されたきっかけには，哲学・倫理学を専攻していた多くのオーバードクターの現実問題があったという（梅津, 1993）。すなわち，1980 年代の分析哲学が現実的な感覚を失い，多くのオーバードクターを量産していたという。結果的に，多くの哲学・倫理学の専攻者たちが突破口として実社会と連携できる企業倫理の研究分野へと流れていったという。

　このような動向は，ハーバード大学のスターク（Stark, A., 1993）によって米国全体で流行していた企業倫理ブームにつながることになった。その主な内容は，①企業倫理学の講座が 500 以上ある点，②ビジネス・スクールの 90 ％以上が企業倫理と関連する教育訓練を行っている点，③企業倫理のテキストが 25 種類以上あり，専門雑誌が 3 つある点，④企業倫理に関連する研究所 16 機関が活動中である点，⑤企業倫理に関する寄付講座がビジネス・スクールで多数開かれている点であった。

　教育機関に広まった企業倫理教育のブームは，大企業の会社機関にも多くの影響を及ぼした。その具体的な例として，フォーチュン誌が 1,000 社を対象に行ったアンケート調査の結果，① 40 ％以上の企業で企業倫理に関するワーク

ショップやセミナーの実施，②2/3以上が最高役員によって構成される倫理委員会（ethics committee）の開設，③約200社における常勤の倫理役員（ethical officer）の設置，④その他，企業倫理に関わる業務処理基準の厳格化，社内広報・教育訓練・指導助言の効果的手法の開発・活用，さらには管理者の行動の倫理性に関する同僚・部下による評定制度の導入などがあった（中村，2010）。

3　企業倫理の転換期（2000年代以後）

　ペイン（Paine, L. S., 2003）は，2000年以降，米国で現れた企業評価の新たな基準としてバリュー，文化，倫理，ステークホルダー，市民性などが重要視されてきていることを主張した。社会がこれらに注目するようになった直接的なきっかけは，2002年にエンロン，アーサー・アンダーセン，ワールドコムなどの米国を代表する大企業が起こした企業不祥事にあることに注目した。さらに，自由化，民営化，グローバル化，知識と技術の進歩などの経営環境の変化が，企業のパフォーマンスへの新しい期待を生み出したという。その証拠として，具体的に企業評価の研究，優良企業のランク付け，従業員の貢献度調査，世界規模の世論調査，投資家の関心の多様化，毎日のニュースの内容などに現れている。

　さらに，彼によれば，企業の倫理性に関する高い成果を達成するためには，倫理プログラムやバリュー・イニシアチブ，ステークホルダー活動などを進めるだけでは不十分であるという認識が広がったという。その契機になったのが，先述したような2002年ごろに発生した大きな企業不祥事にあるといえる。コンプライアンス型によって導入された制度的な枠組みがあったにも関わらず，企業不祥事を未然に防止できなかったという反省が込められている。すなわち，特に経営者の責任が重く，新しい組織能力を構築して新しい考え方と新しい経営手法を経営システムに取り入れるべきであるという。

　この「価値転換」は具体的に，「バリュー・レポーティング（value reporting）」という形で現れ，財務的な次元だけでなく，評価の対象となる企業における「マーケットに対する展望，戦略，リスクの認識度，無形資産等に代表される非財務的な報告」も求められている。

第2節　日本の企業倫理

　戦後，世界ナンバーワンの経済的地位を得ていた米国をモデルに「米国経済に追いつき，追い越し」を目標にして走ってきた日本にとっては，80 年代半ば以降の経済大国入りを達成することによって次なる戦略的目標を失ってしまう結果をもたらした。周知の通り，当時「Japan as No.1」と日本経済を賞賛する社会的ムードが漂っていた。これらの動向は日本の経済人たちに過度な自信を持たせ，企業倫理を学習するチャンスが奪われてしまう結果となった。普段なら経済先進国のあらゆるものを積極的に学ぶことに熱心であったが，「もう米国から学ぶものはないのではないか」という優越感に満ちたムードは，日本に企業倫理の普及を遅らせた大きな原因の 1 つとして考えられる。

　日本で企業倫理に対する関心が高まったのは，1990 年代初頭の「バブル経済の崩壊」後に急増した企業不祥事であった。この時期に連続して発生した不祥事に関連して，数多くの関係者の処分・逮捕，最高経営責任者の引責辞任が相次いだ。しかし，当時，これらの日本企業の行動にもかかわらず日本社会の企業倫理への関心はそれほど高くなく，言葉のニュアンスから伝統的な日本の経営理念，江戸時代以来の商家の社訓，あるいは家訓への復帰を促す復古主義主張などと考えられていた。高田馨の一連の著作や小林俊治の先駆的な著作などは企業倫理について触れるものであったが，経営学や倫理学の中で本格的に論じられることは少なかった。

1　「三方よし」と渋沢栄一

　企業倫理，CSR，コーポレート・ガバナンスなど，米国発の概念の導入に必死だった日本企業が，新たな変化の岐路に立っている。そこでいま注目を浴びているのが近江商人の「三方よし」である。いわゆる「日本企業の生え抜きの企業倫理」の源流に辿り着き，先人たちの経験や知恵に注目することには大きな意義がある。しかし，厳密な意味での「三方よし」の経営理念は CSR というより，社会の一員としての役割や責任を要請する「企業市民（corporate citizenship)」に近いものではないかというのが筆者の考えである。

　近江商人が標榜した「三方よし」の精神は，時代的背景は異なるにしても，私利私欲を抑制すると，その結果として利益が回ってくることに他ならない。今日のような急激でグローバルな事業展開はみられないにしても，当時，近江商人が置かれていた立場，すなわち地元の近江を活動の場にするのではなく，近江国外で活動し，原材料の移入と完成品の移出を手掛けたことについては，今日の多国籍企業がグローバルな事業を繰り広げることと，基本的に同様といえる。

　近代のCSRにあたるものとして注目されているのが，渋沢栄一の「道徳経済合一説」である。渋沢は，ビジネスの本質として利潤追求と仁義道徳の同時追求を主張した。事業を展開して利潤を追求する人間の欲望を決して否定するのではなく，その欲望に基づいて正しい道理に従って活動することが重要であるとしている。ここでいう道理とは，仁義のことを意味し，具体的には「他者への思いやりや他者への貢献」のことを指す。

　また，渋沢は，CSRの推進で最も重要な役割を期待される経営者についても以下のように触れている。「現代における事業界の傾向を見るに，まま悪徳重役なる者が出でて，多数株主より委託された資産を，あたかも自己専有のもののごとく心得…以下省略。」（『論語と算盤』）

　これは，厳密にいえば，古典的な経済理論で，株主と経営者との利益相反により発生するコストを意味するエージェンシー・コストをベースとした発想である。近年，エージェンシー・コストは，①専門経営者と株主との関係を規定する一元的次元（法律で定めている関係）と，②専門経営者と株主を含む多様なステークホルダーとの関係を規定する多元的次元（倫理的な次元での関係）で区分する場合もある。渋沢の道徳経済合一説は，一元的な次元で限定している考えのようにも見える。いずれにせよ，渋沢は，当時からコーポレート・ガバナンスに関する問題に触れていたと言える。

　明治時代を代表する実業家の1人としてしばしば取り上げられている人物に岩崎彌太郎もあげられる。岩崎は，権限とリスクを1人の経営者に集中すべきであると主張した。これに対し，渋沢は，民にあった「合本主義」，すなわち多

くの資本と知恵を結集するのが企業経営の本質であるとし，岩崎と正反対の主張を説いていた。

2　日本の企業倫理研究

　ここでは日本の企業倫理研究の代表的な研究者である高田馨，森本三男，水谷雅一，中村瑞穂について紹介する。しかし，日本の企業倫理研究のほとんどは日本独自のものというより，ドイツの「道徳基準論」や米国の「社会的責任論」を中心に展開されている色彩が強いのが現状である。

　まず，高田は米国の代表的な企業倫理研究者であるフレデリック（Frederick, W. C.），キャロル（Carrol, A. B.），エプスタイン（Epstein, E. M.）の研究を日本に紹介した。高田は主に米国の社会的責任と企業倫理との関連性を理論的かつ方法論的に究明しようとした。

　森本は，企業の社会的責任について消極論（否定論）と積極論（肯定論）という２つのアプローチから明らかにしようとした。前者の消極論は，数多くの論争を引き起こして中心人物となったフリードマン（Friedman, M.）とハイエク（Hayek, F. A.）の主張に基づいている。

　水谷は，企業経営の原理として「効率性原理」と「競争原理」ならびに「人間性原理」と「社会性原理」の重要性について問い直し，それらが相互補完的かつ有機的な関係であることを強調した。特に水谷は，1993 年の日本経営倫理学会の発足にも貢献した。さらに彼は，日本の経営倫理研究を主に行う実践研究機関である BERC（business ethics research center）の設立でも中心的な役割を果たした。

　中村は，90 年代初頭に渡米し，２年間のカリフォルニア大学バークレー校での在外研究を通して，米国での先進的な企業倫理研究の実態を明らかにした。それによって，日本での企業倫理研究の後進性とその発展的方向性について詳細に論じた。さらに，企業とその周辺事項，すなわち経営理念，社会的責任，経済倫理，モラル・ハザード，コーポレートガバナンス，法令遵守（コンプライアンス），リスクマネジメントとの概念的相違を明確にし，企業倫理の学問としての独創性についての理解を深めた。

　さらに，中村は「企業倫理の課題事項（ethical issues in business）」と「企業倫理の制度化（institutionalization of business ethics）」の重要性についても強調し，それらが米国経営学において完全な市民権を得ていることに注目した。これらの背景をベースに，1971年の米国経営学会（Academy of Management）における「経営における社会的課題事項（Social Issues in Management, SIM）」部会の設立についても語られた。

3　日本企業の企業倫理の実態

　梅津（2007）によれば，日本の企業倫理と関連する動向について，以下の4つの時期に区分して大きな変化があったという。

　まず，90年代初頭の欧米での価値転換の動向，すなわちコンプライアンス型から価値共有型への移行が日本においても察知されていることについて明らかにした。当時，学界でも企業倫理に対する理解が不足し，一部の研究者に限って学会やその例会等で発表されていた。

　90年代中期は，バブル経済が崩壊した時期であり，日本的経営が抱えている矛盾を乗り越える手段，また日本企業の欧米化の動向として企業倫理が注目され始めた。一方で，伝統的な日本企業の経営理念に回帰する動きがあり，江戸時代以来の商家の家訓・社是・社訓に注目することの重要性が問われた時期でもあった。このような日本古来の経営理念に戻ろうとする復古主義的な動向は「ともいき」や「共生論」などを展開する基盤となった。

　90年代後半は，日本を代表する多くの企業の不祥事が多発した時期であり，企業倫理という表現より，金融庁が中心となって推進するコンプライアンス体制の構築が中心的なテーマとなった。同時期には銀行，保険，証券分野を中心にコンプライアンス担当部署の設置が多く見られた。要するに，民間主導の企業倫理より，官庁主導のコンプライアンス体制強化が加速した時期であるといえよう。

　2000年以後は継続して頻発した企業不祥事の影響もあり，企業倫理プログラムを導入する企業が増加し，企業内で行われる教育研修も座学形式からケースメソッドなどに見られるような参加型の研修の導入・浸透・定着へと変わって

いった。

第3節　韓国の企業倫理

1　企業倫理の浸透

　アングロ・サクソン型経営の浸透とともに，急激なグローバル化を経験している韓国において，企業の存在意義として経済性を追求すること以外に，社会性や倫理性も強く問われている。1990年代以降，全世界的に発生しているさまざまな企業不祥事と，それらの問題への対応策として必要とされる法制度の改正は注目に値する。90年代以降，数多くの法制度の改正を継続的に行っている状況となり，法制度のレベルだけで評価するならば，相当高いレベルにまで達していると言っても過言ではない。

　韓国では1990年代以降，繰り返しさまざまな企業不祥事が発生している。これらの解決策として注目を集めているのが企業倫理である。企業倫理は，韓国では倫理経営，経営倫理などの用語とともにその本来の意味を明らかにしないまま混用されている傾向が見られる。1990年代後半では，より積極的で能動的な企業倫理の実践が要求され，企業の社会貢献や企業市民に至るまで企業倫理は徐々に拡大する傾向にある。

　韓国で企業倫理教育の必要性を認識したのは，1980年代初頭からであった。数少ない研究者たちが外国の書籍を翻訳して紹介したり，講義を行ったりした。企業倫理に対する本格的な論議は，1990年代初頭に開催された韓国経営学会の特別研究発表会からであった（韓国経営学会，1992）。この研究発表会は「企業倫理と経営教育」という題目で行われたが，これをきっかけに企業倫理を経営学科目に含めた大学が増え始め，企業倫理と関連するテキストの執筆が増加するようになった。特に，1990年代末以降，多くの大企業集団での倫理憲章の制定，企業倫理担当部署の設置，企業倫理教育の実践およびそれに関連する内部の制度的な整備などで飛躍的な発展が成し遂げられている。

　さらに，1997年末に勃発した通貨危機以降の急激なアングロ・サクソン型経営の浸透は，サムスン，LG，SK，POSCOなどの財閥大企業を中心に，グロー

バル・スタンダードへの適応を余儀なくされた。

　1990 年代以降，アングロ・サクソン型経営はグローバルな次元でさらに拡大し，尽大な影響を与えている。このような状況は韓国経済社会においても同様で，韓国社会が看過できない重要な課題に企業倫理がある。これは従来重視されてきた経済的価値に加え，倫理的価値や社会的価値をも同時に追求しなければならないことを意味する。これらの動向は，従来では見られなかった韓国社会からの強力な要請であり，ときに「反企業感情（anti-corporation sentiments）」に形を変え，企業の反倫理的かつ反社会的行動様式に対して市民社会から強い反発を招いたりもする。特に，1990 年代を境に散見される政治と経済界との癒着に端を発したさまざまな企業不祥事は財閥大企業に対する反企業感情を巻き起こし，財閥大企業が韓国経済社会で占める影響力の大きさとともに，「反財閥感情」へと変質していることも否めない。企業に対して一定レベル以上の倫理的かつ社会的な業績を維持することを求める社会からの要請は，近年，倫理経営，企業倫理，CSR（企業の社会的責任），ESG，SDGs の形態としても現れ，その動向は弱まるところがない。

　さらに，韓国経済社会の 6 割以上を占める財閥大企業に対するコーポレート・ガバナンス上の問題も浮き彫りにされ，韓国社会に重要な問題を引き起こしている。しかし，これらの問題は，韓国財閥大企業の大半が所有と経営が未分離の状態であるため，日本や欧米諸国に見られるコーポレート・ガバナンス上の諸問題とは異なる形で現れている。具体的には，「内部者支配枠組み（insider-dominated framework）」の形をとり，エクイティ・カルチャー（equity culture）の欠如，少数株主に対する法的保護措置の欠如，配当金に対する関心の欠如，株主総会に対する関心の欠如，経営者規律付けの欠如，経営意思決定における権限誤用あるいは濫用などの問題がしばしば指摘されている（文，2019）。

　一方，本章の主なテーマである企業倫理に関連する研究・教育・実践については近年，目まぐるしい進展が見られている。まず，企業倫理に関する研究は 1998 年に設立された韓国経営倫理学会を中心に行われている。次に，企業倫理に対する教育は韓国大学の経営学部や経営大学院と，グローバルな事業展開を繰り広げている財閥大企業を中心に大きな進展が見られている。

2　倫理経営

　韓国において最初に倫理綱領や経済倫理の実践要綱を制定したのは全国経営者連盟（以下，全経連とする）である。それ以降，企業不祥事の発生が多かった1980年代から90年代の時期を経て現在に至るまで数多くの企業において企業倫理行動憲章の制定および運営が行われている。従来の韓国企業社会では，「倫理経営」導入の重要性は認識されるものの，至急解決しなければならない重要な課題としての認識は不足していた。しかし，OECDが1999年2月に発効した「国際商取引における外国公務員に対する贈賄の防止に関する条約」の導入が契機となり，2000年代に入ってからは，「倫理経営」の課題を企業競争力の次元で真剣に受け止めることとなった。

　次いで，日本で「経営倫理」や「企業倫理」と翻訳されている ‘business ethics’ は，韓国社会においては，「企業経営という状況において現れる態度や行動の善し悪し，善と悪を区分するための判断基準または道徳的価値に関する経営行動や意思決定の原則や指針」を意味する「倫理経営」，「経営者や役員および企業の全構成員の倫理意識や，経営者が備えるべき倫理」である「経営倫理」，そして「企業の意思決定の次元で正しい（right）と正しくない（wrong）またはいいこと（good）と悪いこと（bad）に関する関心」を指す「企業倫理」という 3 つの表現に翻訳されている。この 3 つの中で ‘business ethics’ を指している概念として定着しつつある表現が「倫理経営」であろう。

3　価値共有型と「倫理経営大賞」

　経営倫理活動の代表的な類型には，大きくコンプライアンス型と価値共有型がある（梅津，2005；谷口，2013）。これについてペイン（Paine, L. S., 1994）の業績では，「コンプライアンス戦略（compliance strategy）」と「インテグリティ戦略（integrity strategy）」に大別されているが，ここでは梅津の類型区分と定義に従う。

　前者のコンプライアンス型は，1999年2月11日に全国経済人連合会が制定した「企業倫理行動憲章」と全国銀行連合会の「倫理綱領」などが事例として挙げられている。それ以後，韓国財閥企業を中心に企業倫理の制度化が着実に定着しつつあることが知られている。さらに，全国経営者連盟が2021に発刊した

「主要企業の社会的価値報告書」によれば，主要企業の社会貢献支出について2020年に191社が行った実績は約2兆ウォン（平均支出金額は136億7,685万ウォン）であり，売上高に対する社会貢献支出の割合は0.18%（税引前当期純利益対比は3.7%）であることがわかった。この支出は低所得者階層に対する比重が最も多く（33.8%），その次に教育・学校・学術分野（24.9%），文化芸術・体育分野（12.1%），救急・災難救出分野（4.3%）という順になっていることが明らかになっている。

　次に，後者の価値共有型という観点についてであるが，ここでは近年それらの活動が活発とされている「倫理経営大賞」制度の運用と実態について明らかにする。さらに，その授賞企業について評価指標という観点からその特徴について検討する。

　この授賞制度は2003年から開始し，現在まで営利組織（大企業部門，中小企業部門）はもちろん非営利組織も授賞の対象となっている（韓国経営倫理学会ホームページ）。図表4-1では過去5年間の受賞組織の組織名と主な事業分野について示している。同賞に関しては，自薦と他薦の申請過程を経て，韓国経営倫理学会の倫理経営大賞審査委員会（学会長が指名した2名以上の審査委員などで構成）が定めた基準に従って選定されている。その主な審査基準は，①「倫理経営のためのシステムと制度がよく整備されているのか」，②「倫理経営に対するCEOの献身と意思がどれくらい高いか」，③「倫理経営のための実質的な成果がいかに現れているか」，④「最近3年間の倫理経営の成果がいかなる形で表れているか」，⑤「倫理経営が重要な組織文化として定着されているか」である。

　近年「倫理経営大賞」を授賞された組織を対象にし，それらの組織の有する共通特性について明らかにしたものにヤン（2019）の実績がある。彼によれば，受賞組織の特徴について①倫理経営の成長段階から成熟段階へ入る段階にある組織が多い点，②経営トップの倫理経営に対する確固たる意志や信念を有する点，③倫理経営の評価指標が組織全般に渡って幅広く活性化されている点，④倫理経営に対する組織構成員の参加が高く，企業倫理が組織文化として定着している点などがある。

　しかし，全般的に経営資源の規模や運用の面において大企業や政府などの公

授賞年度	回　　数	組　織　名	主な事業分野
2022 年	第 34 回	仁川都市公社, 韓国地域暖房公社	公共賃貸アパート事業 都市などへの地域暖房エネルギー提供
2021 年	第 33 回	公企業部門：韓国貿易保険公社 大企業部門：：POSCO, 中小企業部門：Lucid promo コミュニケーションズ（株）	輸出と輸入を専担する政府出資機構 鉄鋼メーカー 企業コンサルタントのスタートアップ
2020 年	第 32 回	韓国ガス技術公社 韓国資産管理公社	天然ガス設備事業 企業清算管理事業
2019 年	第 31 回	韓国電力技術（株） 預金保険公社	発電所設計技術高度化事業 預金者保護事業
	第 30 回	仁川国際空港公社	空港運営事業
2018 年	第 29 回	韓国道後公社	高速道路建設・維持事業

図表 4 − 1　過去 5 年間の倫理経営大賞受賞組織一覧

注 1：「韓国経営倫理学会ホームページ」（kaobe.or.kr）へ 2022 年 7 月 26 日にアクセス。
注 2：備考（分野）は筆者が記載。

的機関に比べて，その水準が脆弱な環境にある中小企業に対して同レベルの評価指標で評価を行っている点，倫理性の高い最高経営責任者をいかに育成するかに対する論議が少ない点，そして倫理経営関連授賞機関の多さなどの問題に対する批判の声も少なくない（パク，2019）。

　韓国企業の倫理経営の評価指標に関しては，最初に定められたものとして経済正義研究所が 1991 年に発表した「経済正義指数（Korean Economic Justice Institute Index: KEJI Index）」が見られる。2000 年代以後，倫理経営のための評価基準を新設し，国内のあらゆる組織における倫理経営水準を分析する基盤が整ってきたと思われる。

ケースで学ぶ　タイム誌が選定した 2002 年のパーソン・オブ・ザ・イヤーであった内部告発者たち

　米国最大の放送局である CNN が 2002 年 12 月 23 日に行った報道によれば，タイム誌は今年の人物（the persons of the year）として 3 人の内部告発者たちを選定したという。今年の人物として選ばれた 3 人の人物たちは皆女性であり，しかも FBI，ワールドコム，エンロンという巨大組織の一員であったことが明らかにされた。各々の告発内容は以下のようである。

① FBI 捜査官であったコリーン・ローリーさんは，9 月 11 日のテロ攻撃を示唆する証拠を無視したこと，
② ワールドコムの副社長であったシンシア・クーパーさんは，約 40 億ドルの不正会計について自社の取締役会に報告したこと，
③ エンロンの副社長であったシェロン・ワトキンスさんは，自社の会長であるケン・レイに警告したにも関わらず自社の崩壊を阻止できなかったこと

　興味深い事実は，タイム誌は CNN と同様，AOL タイム・ワーナー社が所有している点であった。タイム誌は 3 人の内部告発者を選定した理由を「並はずれたガッツとセンスを持っている女性たち」であると明らかにした。さらに，CNN とタイム誌が共同で行った調査によれば，米国人の 10 人中 6 人近くの人々が内部告発者たちをヒーローと見なしていることも明らかにされた。しかし，ワールドコムを告発したシンシア氏は CNN の取材に対し，「自分はヒーローではありません。私はただ自分の仕事をしているだけです」とヒーロー扱いされることを拒んだ。さらに「しかし，それは困難な仕事でした。涙が止まらなかったときもありました。それは，人生を通じて学ぶ価値観や倫理に帰結すると思います。教師，母親，父親，大学教授，企業関係者など，すべてのアメリカ人には，この国の道徳的，倫理的構造を支援し，確実に強化する責任があります」と彼女は正しいことをする責任の重要性について語った。
　和の文化に馴染む日本人にとっては，上司や同僚のことを暴露したり，場合によっては暴露の対価として巨額の報奨金を受領したりすることに対しては違和感を覚える人が多いのも事実であろう。

📖 話し合ってみよう！

1. タイム誌が選定した 2002 年のパーソン・オブ・ザ・イヤーの理由について取り上げる。
2. 内部告発者たちをヒーロー扱いしたり，告発者に対して報奨金制度を設けたりしている米国の組織文化について自分の意見を語りなさい。
3. 日本の内部告発制度の特徴について米国と比較しなさい。

まとめ

◎第 1 に，企業倫理先進国である米国は，形成期（1960〜80 年代），発展期（1990 年代），展開期（2000 年代以後）の過程を経て，学問・教育・実践という 3 つの分野において着実に進展している。

◎第 2 に，1990 年代以後，発生した企業不祥事をきっかけとして企業倫理の進展が見られている日本では，2003 年の「CSR 元年」以後，特に制度的な整備が整っている。

◎第 3 に，日米と比較して経済発展に後れをとった韓国は，先進国入りを果たした 2000 年代以後，急激に進展したグローバル化の影響を受け，財閥大企業を中心とした企業倫理の急激な浸透が見られている。

【注】

1) 近年，この概念は，株主，債権者，従業員，顧客，納入業者，配給業者，販売業者，政府，地域住民，公衆，各種利益団体なども含んだより複雑な展開を見せている。利害関係者の理論的な展開については，水村典弘『現代企業とステークホルダー』文眞堂，2004 年を参照すること。

参考文献

・日本語文献

梅津光弘「アメリカにおける企業倫理論」中村瑞穂編著『企業倫理と企業統治』文眞堂，
　　2003 年，16-19 ページ。

梅津光弘「アメリカにおけるビジネス倫理学：その背景，課題，基本文献」加藤尚武・飯田
　　亘之編『応用倫理学研究』Ⅱ，千葉大学教養学部倫理学教室，1993 年。

梅津光弘「改定量刑ガイドラインとその背景：企業倫理の制度化との関係から」『三田商学
　　研究』2005 年，Vol.48 No.1，147-158 ページ。

梅津光弘「企業経営における価値転換」企業倫理研究グループ『日本の企業倫理』白桃書
　　房，2007 年。

高巌，T. ドナルドソン『ビジネス・エシックス 企業の社会的責任と倫理法令遵守マネジメ
　　ント・システム』[新版] 文眞堂，2003 年。

中村瑞穂「アメリカにおける企業倫理研究の展開過程—基本文献の確認を中心として—」
　　『明大商学論叢』第 76 巻第 1 号，2010 年，213-224 ページ。

中村瑞穂「"企業と社会" の理論と企業倫理」『明大商学論叢』第 77 巻第 1 号，1994 年 12 月，
　　103-118 ページ。

中村瑞穂『日本の企業倫理』白桃書房，2007 年。

水村典弘『現代企業とステークホルダー』文眞堂，2004 年。

村山元英・村山元理「日米の企業倫理研究」『経済研究』千葉大学，第 9 巻第 1 号，1994 年，
　　109-128 ページ。

李昭娟「米国の大学における企業倫理教育の方法の変遷と今後の課題」『創価大学大学院紀
　　要』2012 年，55-71 ページ。

・英語文献

Ackerman, R. W. and Bauer, R. A. (1976), *Corporate Social Responsiveness: Modern
　　Dilemma*, Reston Publishing.

Buchholz, R. (1989), *Fundamental Concepts and Problems in Business Ethics*, Prentice-Hall.

DeGeorge, R. T. (1987), "The Status of Business Ethics: Past and Future", *Journal of
　　Business Ethics*, Vol.6. No.3, April, pp.201-221.(宮坂純一訳「ビジネス倫理学の現在，過去，
　　そして未来」『産業と経済』奈良産業大学，第 7 巻第 2 号，1992 年 9 月，69-88 ページ。)

Donaldson, T. and Dunfee, T. W. (1995), *Ties that Bind: A Social Contracts Approach to
　　Business Ethics*, Harvard Business School Press.

Epstein, E. M. (1989), "Business Ethics, Corporate Good Citizenship, the Corporate Social

Policy Process: A View from the United States", *Journal of Business Ethics*, Vol.8, No.8, April, pp. 583-595.（中村瑞穂他訳『企業倫理と経営社会政策過程』文眞堂, 1996 年。）

Epstein, E. M.（1993）, "Regulation, Self-Regulation and Corporate Ethics".（出見世信之訳「規制, 自己規制, 企業倫理」現代経営研究会編『現代経営学の基本課題』文眞堂, 1993 年, 305-316 ページ。）

Freeman, R. E.（1984）, *Strategic Management: A Stakeholder Approach*, Pitman.

Hess, D. and McWhorter, R. S. and Fort, T. L.（2006）, "The 2004 Amendment to the Federal Sentencing Guidelines and their Implicit Call for a Symbiotic Integration of Business Ethics", *Journal of Corporate & Financial Law*, Vol.11, No.4, pp.741-743.

Moeller, R.（2001）, *Sarbanes-Oxley and the New Internal Auditing Rules*, John Wiley & Sons Inc.

Nash, L. L.（1991）, *Good Intentions Aside: A Managing Ethical Problems*, Harvard Business School Press.（小林俊治・山口善昭訳『アメリカの企業倫理』日本生産性本部, 1992 年。）

Stark, A.（1993）, "What's the matter with Business Ethics?", *Harvard Business Review*, Vol.71, pp.38-48.

Vogel, D.（1992）, "The Globalization of Business Ethics: Why American Remains Distintive?", *California Management Review*, Vol.1, Fall, pp.30-49.

Wiesen, J.（2003）, "Congress Enacts Sarbanes-Oxley Act of 2002: A Two-Ton Gorilla Awakes and Speaks", *Journal of Accounting, Auditing & Finance*, Vol.18, No.3, pp.429-448.

・韓国語文献

イ・ヒョンジュ（2010）「『倫理経営』と『企業倫理』の用語概念に関する理論的考察」『倫理経営研究』第 12 巻第 1 号, pp.1-16.

キム・ボンス（2020）「コロナ禍での雇用条件と雇用保障に対する一考察」『国際法務』第 12 集第 2 号, pp.55-90.

全国経営人連合会編「主要企業の社会的価値報告書」, 2021 年。

パク・ウソン（2019）「倫理経営大賞の授賞制度に関する所感」『倫理経営研究』第 19 巻第 1 号, pp.163-165.

ヤン・ドンフン（2019）「倫理経営大賞受賞企業の共通特性」『倫理経営研究』第 19 巻第 1 号, pp.139-165。

第5章 企業倫理の制度化

学習目標

1. 企業倫理の制度化の意義について検討する。
2. 企業倫理先進国の米国での進展の状況について学ぶ。
3. 企業倫理制度化の手法について取り上げる。

第1節 企業倫理制度化の意義

　企業倫理は実際に組織の中で実現されるため，場合によっては組織文化，組織理念，組織哲学と混在するような形態で現れる。日本を代表する多国籍企業においてもさまざまな事件・事故を経験し，長年，試行錯誤の過程を経てから各々の企業倫理体制を構築するのが一般的である。しかし，企業不祥事を防止するために，経営者がいくら優れた企業倫理体制づくりに成功したとしても，実際に当該組織の隅々まで浸透するには長い年月を要することが多い。「毎日行われる朝礼の社長の講話で企業倫理は実現されるのか」という問いに一般の人々はどう思われるだろうか。その多くの答えは「ノー」であろう。

　米国で進展した企業倫理の理論や実態を学んだ後，日本の企業倫理の進展に大きな貢献をした中村（2001）は，1990年代の日本の企業倫理に対する間違った認識について以下のように述べている。

　第1に，企業倫理を経営哲学や社是・社訓と同一視する傾向があった。

　第2に，企業倫理を企業の社会的貢献（corporate philanthropy）や善良な企業市民（good corporate citizenship）として見なす傾向があった。

　第3に，企業倫理の概念を経済倫理と同一のものとみなす傾向があった。

　第4に，危機管理（risk management）の観点から，企業倫理をその範疇に入れようとする傾向があった。

　このように日本においても企業倫理が企業経営全般に浸透するまでにはかなりの年月を要した。近年，企業倫理の定着または浸透に有効な手段として「企業倫理の制度化」がある。

　まず，制度化行為（institutionalized act）とは，「二人以上の個人によって行われる行為のことであり，時間が経過しても持続したり，組織の日常の機能の一部として存在したりする行為」のことをいう（Goodman and Dean, 1981）。この行為は，その継続される期間によって，組織内で実行する人数によって，そして組織の一部として存在する程度によっても異なる形で現れる。

　まず，企業倫理を組織内に定着させるには，道徳的ルールや判断を規定する倫理原則（ethical principles）の策定が優先課題である。この倫理原則は，長期的要因と短期的要因の両方を考慮することによって，さまざまな方法で組織内において制度化することができる（Dunham, R. B., 1984）。後者の短期的要因には，当該組織が組織内で倫理的行動をいかに重視しており，そのために何を望んでいるかについて外部に公表することなどが含まれる。このような活動の目標設定は，当該組織のマネジメントに必要とされる法律，財務，マーケティング上の課題に対応するのと同様，日常的な事業活動をいかに行うかと関連するものである。これらの活動によって当該組織が解決すべき具体的な倫理的課題が定められる。前者の長期的要因は，企業倫理を組織の文化として浸透させ，倫理的行動を促進する個人の価値観の教育や，必要に応じて再学習をサポートする仕組みと関連する要因である。

　企業倫理の制度化の課題については，図表 5 - 1 が示しているように，企業不祥事などに見られる実在事象に対し，徹底した精緻な分析をベースとして導き出された「企業倫理の課題事項」（issues in business ethics）が重要である（中村，2001）。この課題事項は倫理的な「問題」（problems）と明確に区分されている。言い換えれば，当該組織が課題事項を放置したり，適切に対応しなかったりすると，問題へと発展する場合が多い。中村（2001）はこの課題事項の概念を借用して，制度化を「現実の具体的な事例の分析を通じての倫理的課題の特定ならびに，それらの性格把握を基盤として個別企業の内部に展開される具体的な実践の組織的体系化」と定義している。

図表 5 － 1　企業倫理の課題事項

〈関係領域〉	〈価値理念〉	〈課題事項〉
①　競争関係	公　　正	カルテル，入札談合，取引先制限，市場分割，差別対価，差別取扱，不当廉売，知的財産侵害，企業秘密侵害，贈収賄，不正割増，など。
②　消費者関係	誠　　実	有害商品，欠陥商品，虚偽・誇大広告，悪徳商法，個人情報漏洩など。
③　投資家関係	公　　平	内部者取引，利益供与，損失保証，損失補填，作為的市場形成，相場操縦，粉飾決算，など。
④　従業員関係	尊　　厳	労働災害，職業病，メンタルヘルス障害，過労死，雇用差別（国籍・人種・性別・年齢・宗教・障碍者・特定疾病者），専門職倫理侵害，プライバシー侵害，セクシャル・ハラスメント，など。
⑤　地域社会関係	共　　生	産業労災（火災・爆発・有害物漏洩），産業公害（排気・排水・騒音・電波・温熱），産業廃棄物処理，不当工場閉鎖，計画倒産，など。
⑥　政府関係	厳　　正	脱税，贈収賄，不当政治献金，報告義務違反，虚偽報告，検査妨害，など。
⑦　国際関係	協　　調	租税回避，ソーシャルダンピング，不正資金洗浄，多国籍企業の問題行動（贈収賄，劣悪労働条件，年少者労働，公害防止設備不備，利益送還，政治介入，文化破壊），など。
⑧　地域環境関係	最小不可	環境汚染，自然破壊，など

出所：中村（2003），8 ページ。

　日本における企業倫理の制度化の動向は，日経連などを中心に 1990 年代から始まるが，近年では制度面では大きな進展が見られたと思われる。

　まず，1990 年代に日本の企業倫理の制度化の有効性について明らかにした研究がある（中野，1996）。この調査は基本的に日米比較の形で行われた。調査の結果，米国企業の方が制度面では進んでいるが，その有効性については懐疑的にならざるを得ない状態であった。それに対し，日本企業の場合は，①企業倫理制度化の努力を行う上で，長い年月培われてきた企業文化との整合性が極めて

重要であること，②会社の方針が，管理者の倫理的な意思決定を左右する重要
なポイントである点が明らかにされた。

　次に，日本における企業倫理の制度化については，経営倫理学会員によって 5
回，その定期実態調査が行われてきた[1]。具体的には，第 1 回（1998 年），第 2
回（2000 年），第 3 回（2003 年），第 4 回（2006 年），第 5 回（2009 年）にわたって
行われた。その実態調査に挑んだメンバーは年によって若干の変更があるもの
の，調査に関わった中心的な人物は変わっていない点が研究の継続性の面で高
く評価できると思われる。この調査は 3 年ごとに定期的に行うことによって，
時系列的な変化を明らかにし，変動傾向とその変化の原因を把握することを主
な狙いとした。その調査の結果，①企業倫理の制度化が着実に進んでいること，
②組織の規模が大きく，社長が生え抜きである企業では制度化によって企業倫
理の確立を図った点，③制度化努力の成果に対する満足度の著しい改善が見ら
れた点などが明らかにされた。

第 2 節　米国の企業倫理制度化の動向

　現在，日本経済団体連合会（以下，日経連とする）に属している企業で導入され
ている企業倫理制度化の動向は，米国の制度に範をとったものとして知られて
いる。米国で企業倫理の制度化に取り組んだ経緯を探ると，レーガン政権が掲
げた政策と関係が深い。

　企業倫理制度化の始まりは，先述したように，1980 年代の旧ソ連のアフガニ
スタン侵攻を契機に，レーガン政権が標榜した「パックス・アメリカーナ」政
策に由来するものであった。同政策は，当時の軍需産業を腐敗させた直接的な
原因となったともいわれている。中世のローマ帝国が標榜した「パックス・ロ
マーナ」政策を真似た，強力に築き上げられた軍事力を基盤に世界を支配する
という政策的方針は，逆に米国の軍需産業において談合，賄賂，水増し請求，
キックバックなどの不正行為を助長する結果を生み出した。後述する DII 原則
や連邦量刑ガイドラインは，軍需産業での不正を正す施策から始まったが，そ
の施策が全米の民間企業にまで拡大したものとして知られている。

1 DII 原則

1980 年代半ばに生じた軍需産業のスキャンダルは「DII 原則」(Principles of Defense Industry Initiative on Business Ethics and Conduct) と呼ばれる 6 つの原則を生み出す原因となった。レーガン政権が軍需産業で起きた不正請求事件を調査するために立ち上げた組織が，政府関係者と民間人で構成された「国防に関する大統領ブルーリボン諮問委員会」(The President's Blue Ribbon Commission on Defense) であった (梅津，2003)。同組織は，国防力を強化するために果敢に行った規制緩和と自由化路線が産軍融合体の癒着体制を形成してしまった問題への対応が最も重要な課題であった。

この DII 原則の具体的な内容は，次のようである (高・ドナルドソン，2003)。

「第 1 に，各企業が倫理綱領を策定し，それにしたがって行動すること。

第 2 に，従業員がそれに則って行動しなければならない価値を，あるいは従業員がそれにしたがって自己の行動や組織の行動を判断しなければならない基準を倫理綱領に示すとともに，教育を通じてその内容を周知徹底すること。

第 3 に，報復を恐れることなく，従業員が倫理法令違反を報告できるように自由で開かれた雰囲気を企業に作り上げること。

第 4 に，連邦調達法の遵守状況を監視し，同法違反があった場合には，その事実を主体的に報告するとともに善後策をとること。これは，各企業の自己管理責任として求められる。

第 5 に，軍事産業全体の誠実さを維持するため，各企業が他の軍事関連企業に対して行動基準を守る義務を負うこと。

第 6 に，以上 5 つの原則にしたがう公的責任を負うこと。つまり，各企業は，社会に向かって上の諸原則すべてに従って行動することを誓わなければならない。」

この DII の原則の制定は，1990 年代の企業社会に定着した「企業倫理の制度化」の原型となり，米国はもちろん，世界各国に法律改正などの法的拘束力によって企業倫理を浸透させる役割を果たした。一方，上述した社会変革を成し遂げたさまざまな制度改革とは異なる動向として，企業倫理上の理論的な展開が見られる。

2　連邦量刑ガイドライン

　1990 年代に入り，企業倫理の制度化に関連する新たな動きがあった。不正防止のために制定された重要な制度改革として 1991 年の「連邦量刑ガイドライン」(Federal Sentencing Commission's Guideline) がある。このガイドラインの核心的な内容は，違法行為を防止するための倫理プログラムを有する企業に対しては，仮に企業が違法行為を犯してしまった場合でも，組織ぐるみの犯行とはみなされず，比較的軽い罰金刑だけの寛大な処分で終わらせるという政策的意図が含まれたものである。具体的には，以下の 7 項目が倫理プログラムの中に組み込まれているかどうかによって判断された (梅津，2005)。

　　①法令遵守のための一連の基準と手続き
　　②基準の遵守を監督する上級管理職の任命
　　③法令を守らぬ懸念のある人物には広い裁量権限を与えない保障
　　④基準と手続きを周知徹底するシステムの構築
　　⑤犯罪行為を監視し，監督し，通報するシステムの構築
　　⑥訓練を通じた基準の徹底的な強制実施
　　⑦必要な防止策を講じたか否かを含む，違法行為に関する適切な対応の記録

　これは 1980 年代に制定された DII 原則とともに企業倫理を企業内部に導入するための具体的な指針としての役割を果たしたといえる。言い換えれば，同原則が民間主導によって企業の不正防止のための指針を提供したならば，量刑ガイドラインは司法サイドから企業倫理プログラムを企業内に導入するために策定されたと理解されている。

　この企業倫理の制度化の動向は 1990 年代に急速な進展が見られるが，具体的には，企業内でのコンプライアンス型企業倫理プログラムの定着，倫理管理役員協会 (EOA) への参加者の爆発的な増加，倫理コンサルティング・ビジネスの本格的な形成などの形で結実した。これは米国において州ごとの事情や特色を生かして制定されている会社法を，「連邦 (federal)」すなわち国全体の統一した規制として制定することにより，より厳格に企業の行動様式を制限するという意味を持っている。

3 企業改革法の制定

次に，2000 年以降に見られる企業倫理と関連する制度改革には，サーベンス・オクスレー法（Sarbanes-Oxley Act：以下 SOX とする）と量刑ガイドラインの改正などがある。

まず SOX 法案は，2002 年 7 月 30 日に米国の上院と下院を通過し，いわゆる「企業改革法」としてブッシュ大統領が正式に署名したことから出発した。これによって，2002 年にエンロン，ワールドコムなどの上場公開企業で続発した企業不祥事を事前に防止するための装置，すなわち米国公開株式会社における内部統制システムを一層強化するための制度的基盤が整ったと考えられる。

SOX 法案にブッシュ大統領が署名することによって，米国においては内部統制システムを強化するための制度的基盤が整った。この法案は 11 種類の条項から構成されているが，その主な内容は以下のようである（Moeller, R., 2001）。

① CEO（Chief Executive Officer：最高経営責任者）と CFO（Chief Financial Officer: 最高財務責任者）による確認書提出および内部統制に対する経営者報告書と外部監査人の監査
②上場企業とトップマネジメントに対する開示基準の強化
③監査委員会の責任強化
④監査人の独立性強化
⑤会計法人を監督するために SEC（Securities and Exchange Commission; アメリカ証券取引委員会）傘下に独立機構である会計監督委員会の新設
⑥企業不正および不祥事に対する処罰の強化

この法案の可決によって経営陣の投資家への責任強化，情報開示の向上，コーポレートガバナンスの強化など従来の企業不祥事の事前防止策に加え，さらなる法制度上の強化があった。本来なら，企業のマネジメント・プロセスにおいて当然果たされるべき機能が実行されていなかったため，米国政府が公的規制によって企業不祥事を事前に防止する意図として解釈できる。同法案が前身である 1934 年に制定された証券取引法（いわゆる 34 法案）より関心を寄せられているのは，「有価証券はどこに向かうのか（where securities go）」という問題

ではなく,「人々は何をするのか (what people do)」という問題を取り扱ったからに他ならない (Wiesen, J., 2003)。34 年法 (the '34 Act) の制定によって SEC が発足し, 1933 年の有価証券法に従って株式公開した会社を規制するための枠組みが設定された。サーベンス・オクスレー法はちょうどそれらの法律を微調整した性格を有する。

　しかし, この制度改革は, 1990 年代に米国の経済界に拡大した「企業倫理の制度化」だけでは不十分であるという反省から, 新たな方向性を模索する途中段階で過去に回帰するような措置であると批判する論者も多く現れた。実際に, 監視や監査などのような形に頼るサーベンス・オクスレー法は, 結果的に利益団体である公認会計士協会には多大な利益を与えたが, 内部統制を企業内システムとして定着させるために必要とされるコンサルティング費用の増加や, 本業に専念すべき人的資源が会計監査への対応に回されるような不具合が生じる結果となった。

　エンロン, ワールドコムの破綻の教訓として, 両社には企業倫理プログラムが形式的ではありながら設置されていたことから, より有効で実践的なガイドラインの必要性が問われていた。実際に, 量刑ガイドラインが施行されてから10 年の歳月が経過した 2002 年の時点で, 司法省傘下の独立委員会を設置して改正を検討し, 倫理プログラムが効果的かどうかの判断基準としての要件が修正されるようになった。この委員会が, ガイドラインの制定に先立ち, 企業で実質的に責任を負う立場にいる人々からヒアリング調査を行うことによって, 大多数の人々から支持を導き出したのは有名である。

　この改正量刑ガイドラインは, 従来の「法令遵守プログラム」(Compliance Program) という名称から,「法令遵守と倫理プログラム」(Compliance and Ethics Program) という名称に変更され, 外部からの強制による法令遵守以外のものとして倫理的な側面を強調するものとなった。

　この連邦量刑ガイドラインの改正が実際に行われたのは 2004 年になってからである。同ガイドラインの改正に含まれた重要な内容は以下の 4 つに集約できる (Hess and McWhorter and Fort, 2004)。

　第 1 に, プログラムの更新の義務が発生する時期についての認識である。こ

れは，改正前は組織の中で違反が生じた場合に要求されるものであったのに対し，新しいガイドラインのもとでは，組織はプログラム自体を違反の有無に関係なく継続的に更新しなければならなくなっている。

　第2に，役員および取締役の役割についての変化である。これは法令遵守に対してその基準および手続きが確立されているかどうかを監視する責任に関連するものである。換言すれば，「企業の上級レベルでの構成員に割り当てられている」という漠然とした規定から，①「組織の統治機構」，②「組織の上級レベルの人」（high-level personnel of the organization），③「日常の業務的責任を有する個々人」（individuals with day-to-day operational responsibility）という3段階のより明確化した区分が行われた。

　第3に，トレーニング・プログラムにおける義務条項の変更についてである。改正前の量刑ガイドラインにはこれらと関連する内容への言及はあったものの，主として従業員のみが対象となっていた。しかし，改正された内容には，取締役会，上級レベルの人，実質的に権限を有するもの（substantial authority personnel），従業員，その代理人などすべての構成員が含まれることが明記された。

　第4に，従業員から違法行為に関する具体的な情報についての報告が上げられた場合に，対応できるシステム作りを義務化した条項の新設である。

　こうして新しいガイドラインは，プログラムの作成や更新を通して，より事前予防的な対応とより実効性のあるシステム作りを企業に明確にさせる内容が含まれていると考えられる。

第3節　企業倫理制度化の手法

　企業倫理の取り組みを具体的に実践するためには，①国家規制，②業界規制，③自主規制が必要である。第1章でも取り上げたように，法人格が与えられて法的責任しかとれない存在である企業に対し，倫理的責任をも追及することは容易ではない。要するに，企業が法的に認められた存在だけでなく，社会的存在としての役割を果たすためには，「制度化」という手法をとらなければいけない。制

度化を行う理由は，先述したように（第 2 章を参照），個人的な努力によって倫理的な行動をとろうとしても，組織人として行動する場合，組織内で「責任の拡散」が発生するため，その対応策が必要とされる（谷口，2022）。したがって，企業が倫理的かつ社会的存在として行動するためには，それを組織の行動と保証できる企業内の倫理プログラムが必要不可欠である。さらに，それらを支える第三者機関による認証と倫理監査の必要性も生まれる。

　企業倫理制度化の代表的な類型には，大きくコンプライアンス型と価値共有型がある（梅津，2005；谷口，2013）。これについてペイン（Paine, L. S., 1994）の業績では，「コンプライアンス戦略（compliance strategy）」と「インテグリティ戦略（integrity strategy）」に大別されている。

　企業の内部に企業倫理を具体化するためにしばしば取り上げられるのが「企業倫理の内部制度化（Institutionalization of Business Ethics）」という考え方である。図表 5 - 2 が示しているように，1990 年代半ばから，制度化の手法として注目され

図表 5 - 2　コンプライアンス型と価値共有型の比較

区分	コンプライアンス型	価値共有型
精神的基盤	外部から強制された基準に適合	自ら選定した基準に従った自己規制
目的	詳細で具体的な禁止条項・価値観	抽象度の高い原則
リーダーシップ	弁護士が主導	経営者が主導
方法	倫理教育・訓練プログラムの導入	自己目標の設定・自己評価
人間像	物質的な自己利益に導かれる自立的存在	物質的な自己利益だけでなく価値観，理想にも導かれる社会的存在
裁量範囲	個人裁量範囲の縮小	個人裁量範囲内の自由
相談窓口	内部通報制度（ホットライン）	社内相談窓口（ヘルプライン）

出所：ペイン（1997），梅津（2002）を参考に筆者作成。

ているのが,「コンプライアンス」と「価値共有」である。前者は,外からの規制を示すものであり,あらかじめ定められた基準の下に組織構成員を服従,追従,従順させるなどの意味を有している。これに対し,後者は,企業自らの自発性を誘導するものであり,倫理を企業のすべてのレベルの意思決定に統合させる役割を果たすことになる。

　前者のコンプライアンス・プログラムを実現させるためには,基本的に倫理綱領,倫理委員会,倫理訓練プログラム,倫理監査などが必要とされる。

①倫理綱領または行動憲章の制定・遵守
②倫理教育・訓練体系の設定・実施
③倫理関係相談への即時対応体制の整備
④問題の内部受容と解決保証のための制度制定
⑤企業倫理担当常設機関の設置とそれによる調査・研究,立案,実施,点検,評価の遂行
⑥企業倫理担当専任役員の選任とそれによる関連業務の統括ならびに対外協力の推進
⑦その他,各種有効手段の活用(倫理監査,外部規格機関による認証の取得),等々

　次に,企業の外部からの支援である。要するに,これは「企業倫理の社会的制度化」を意味するものを示し,これによって企業倫理の制度化が完結される。これは以下のような内容を含んでいる。

①各種利害関係者(出資者,従業員,顧客・消費者,地域住民,納入業者,配給業者,債権者など)からの支持。
②業界(同業者団体,地域経済団体,全国経済団体など)による自主規制。
③公的権力(国家および地方の立法・行政・司法機関など)による組成・奨励。

　具体的に企業倫理体制を徹底している企業に対しては量刑の一部を減免する量刑ガイドライン,奨学財団設立など社会的貢献が活発な企業に対して行う税金減免制度などがこれにあたる。

　梅津（2007）によれば，企業倫理を主な研究テーマとして扱う企業倫理学
（Business Ethics）は，1980 年代の米国において，活発な議論の過程を経て実践す
るものとしての「企業倫理」あるいは「企業倫理プログラム」の形で展開され
たという。これらの動向は，ペイン（Paine, L. S, 2003）によって「バリューシフ
ト（value shift)」という言葉で表現され，21 世紀に入り企業経営における価値を
めぐる根本的な基準が変わっている動向について主張された。これらの動きは，
結果的に日本の社会にも影響を及ぼし，制度などを含む大きな波及効果をもた
らしているという。

　価値共有型は，ペイン（1994）の問題意識からも明らかにされたように，1991
年度に制定された量刑ガイドラインに従い，受動的に企業倫理活動を行うこと
に疑問を呈したことが出発点である。組織成員全体に倫理的な行動をとるため
の倫理的基準を示し，それに強制的に従わせるコンプライアンス型の重要性は
認めるものの，それだけでは企業倫理の浸透または拡散までには限界があると
の認識があった。

　さらに，ペイン（Paine, L. S., 2003）は第 4 章でも取り上げたように，2000 年以
降，米国で現れた企業評価の新たな基準としてバリュー，文化，倫理，ステー
クホルダー，市民性などが重要視されてきていることを主張した。この「価値
転換」は具体的に，「バリュー・レポーティング（value reporting)」という形で
現れ，財務的な次元ではなく，評価の対象となる企業における「マーケットに
対する展望，戦略，リスクの認識度，無形資産等に代表される非財務的な報告」
も求めている。過去において最も重視されていた企業の財務力以外に，倫理的
水準を問う指標も評価のための重要な項目として取り入れられている。

　先述したように，企業倫理を専門的に取り扱っている学会である日本経営倫
理学会では，12 年間の調査結果，2005 年の段階ですでに企業倫理の制度化が定
着し，少なくとも大企業においての制度的な体制づくりは終わっていることを
明らかにしている（中野他，2009）。その制度化の具体的な内容については，企業
倫理規定の制定，企業倫理教育の実施，企業倫理専門担当者の配置，企業倫理
委員会の設置，レポーティングシステムの導入，外部の第三者によるチェック
体制，地球環境問題専門組織の設置，社会貢献活動専門組織の設置などが対象

タイプ	特 徴	備 考
不祥事型	不祥事発覚後，その対応策として制度化が進むタイプ	金融，建設業，総合小売に多いタイプ
国際化型	事業内容や組織構造がグローバル化するにつれ，制度化が進むタイプ	電気機器，大手自動車メーカー，総合商社に多いタイプ
環境影響型	有害素材や材料を扱う業種に多いタイプ	化学，石油，石炭に多いタイプ
健康関連型	健康に悪影響を及ぼす可能性のある業種に多いタイプ	医薬品メーカー，食品メーカー，

図表5－3　日本企業の倫理制度化に見られる4つのタイプ

出所：高・ドナルドソン（2003），272〜280ページ。

となっている。

　一方で，高・ドナルドソン（2003）によれば，日本企業における倫理制度化が倫理綱領の採択などの面において大きく進展しているが，外資系の企業と比較するとまだまだ遅れをとっていることを明らかにした。さらに，日本企業については，図表5－3が示しているように，倫理制度化に見られる産業タイプを4つに区分した。

　こうして規範倫理学の水準に留まっていた企業倫理は，実践面においては外部からの強制的規制（コンプライアンス型）と企業自らの自発的誘導（価値共有型）を制度面で整えることによって一定以上の成果が得られたと考えられる。

　しかし，このような動きがあるにも関わらず，依然企業による不祥事は後を絶たない。実際のところ，企業倫理や経営倫理という言葉は，1990年代までに一時的に流行していたに過ぎなかったのかという疑問が頭をよぎる。

　確かに1990年代後半のコンプライアンスの推進，2003年の「CSR元年」以後，日本では企業倫理や経営倫理という用語より，CSRやSDGsが盛んに取り上げられているのが現実である（鈴木，2021）。その原因の1つとして考えられるのが，企業倫理の概念的理解やその実践に至らないままCSRやSDGsの流行に埋もれて行ったことではないかという反省が待っている。さらに，コンプライ

アンスに代表されるように，企業倫理の質とは無関係に定められた規範に対し，形式的かつ受動的に順応することを重視する傾向があったことも否めない。

　一方で，近年，企業倫理の実践面における不十分さを批判的に捉え，「道徳的認識の限界」（limitations of moral cognition）に注目する行動倫理学の動向もある（Trevino et. al., 2006）。従来の企業倫理が「組織内にいる人間がどのように行動すべきか」という規範的アプローチに重点を置いたのに対し，行動倫理学では，組織の中で倫理的な行動をとるプロセスにおいていかなる判断をするかに重点を置くことが特徴として挙げられる。すなわち，この倫理学では人間が行動をとる思考と実際の行動との乖離に焦点を当てており，特に「限定合理性」（bounded rationality）や「限定倫理性」（bounded ethicality）が原因で人間が非倫理的な行動をとってしまう根源を探ることに重点を置いている。前者の「限定合理性」とは，人間が有する不完全な情報処理能力から生じるものを指しているのに対し，後者の「限定倫理性」とは，人間の情報処理能力の限界と誤りが道徳的判断に悪い影響を及ぼし，それがまた人間に不完全な倫理的行動をとらせるように影響を及ぼすことをいう（鈴木，2013）。

　一方で，個人の意思と行動とのギャップを生み出している無意識の心理的プロセスと，組織的・政治的環境についてのさらなる検討が必要であるという認識もある（Bazerman and Tenbrunsel, 2012）。

ケースで学ぶ　ホンハイの投身自殺事件

　2016 年 8 月 22 日にウォールストリートジャーナルによって報道された内容によれば，アイフォーンを製造する EMS（電子機器受託製造サービス）世界大手である鴻海（ホンハイ）の工場で 31 歳の従業員の飛び降り自殺事件があった。ホンハイでは，2010 年にも 12 人がわずか 5 か月間で投身自殺している。自殺した従業員たちが置かれた労働環境は，同じ姿勢で 12 時間以上働いたり，隣の工員と会話が禁止されたりするような過酷な労働環境であった。さらに，彼らの基本給は月 900 元（為替レートで約 1 万 3,500 円）という厳しい現実もあった。

　さらに，2010 年にフォックスコンの中国工場で生じた事件でアップル社の対策が講じられた後だっただけに，事件が再発したことに世界が注目している。アップルは電子産業業界においてすでに RBA（responsible business alliance, 責任ある企業同盟）

行動規範に沿った部品調達を目指している企業として知られているためである。

　今回の事件を引き起こした企業は，米国のアップル以外にも，ソニーやノキアなどの電子製品の組み立てを請け負っているなど日本企業との関連性も否めない。2010年に多発した飛び降り自殺事件を契機に，過酷な労働環境に対する労働者権利団体からの待遇改善要求に積極的に応じると約束していたため，その不信感がさらに増した。

📖 話し合ってみよう！

1. 事件が発生したホンハイと，発注先であったアップルにはどのような責任が問われるのか。
2. 2010年に多発した投身自殺事件が再発した原因には何があるのか。
3. RBA（responsible business alliance，責任ある企業同盟）の行動規範の主な内容について調べよう。

まとめ

◎第1に，企業倫理を組織内に定着させるには，道徳的ルールや判断を規定する企業倫理の制度化の推進が重要である。

◎第2に，米国レーガン政権が掲げたパックス・アメリカーナをきっかけに進められた軍事力強化は，軍需産業の不祥事を生み出す結果となった。その対応策として制定されたDII原則は，連邦量刑ガイドライン，企業改革法の形で進化した。

◎第3に，企業倫理制度化の手法は，外からの規制を示すものであり，定められた基準の下に組織の構成員を服従，追従，従順させる「コンプライアンス型」と，企業自らの自発性を誘発し，倫理を企業のすべてのレベルの意思決定に統合させる役割を果たす「価値共有型」に大別される。

【注】

1）5回にわたって行われた経営倫理学会の会員主催の企業倫理制度化調査は以下のようである。

　①　山田敏之・野村千佳子・中野千秋（1998）「第1回・日本における企業倫理制度化に

関する定期実態調査報告」『日本経営倫理学会誌』第 5 号，145-159 ページ。

② 　山田敏之・福永晶彦・中野千秋（2000）「第 2 回・日本における企業倫理制度化に関する定期実態調査報告」『日本経営倫理学会誌』第 7 号，211-232 ページ。

③ 　山田敏之・福永晶彦・野村千佳子・長塚晧右・中野千秋（2003）「第 3 回・日本における企業倫理制度化に関する定期実態調査報告」『日本経営倫理学会誌』第 10 号，39-57 ページ。

④ 　福永晶彦・山田敏之・中野千秋（2006）「第 4 回・日本における企業倫理制度化に関する定期実態調査報告」『日本経営倫理学会誌』第 13 号，91-103 ページ。

⑤ 　中野千秋・山田敏之・福永晶彦・野村千佳子（2009）「第 5 回・日本における企業倫理制度化に関する定期実態調査報告」『日本経営倫理学会誌』第 16 号，151-163 ページ。

参考文献

梅津光弘『ビジネスの倫理学』丸善出版，2002 年。

梅津光弘「アメリカにおける企業倫理論」中村瑞穂編著『企業倫理と企業統治』文眞堂，2003 年。

梅津光弘「改正連邦量刑ガイドラインとその背景：企業倫理の制度化との関係から」『三田商学研究』慶應義塾大学会，2005 年，147-158 ページ。

梅津光弘「経営倫理教育におけるケースメソッドの方法と意味」『日本経営倫理学会誌』日本経営倫理学会，第 14 号，2007 年，5-13 ページ。

鈴木由紀子『よりよい世界を構築するための競争』中央経済社，2021 年。

高巌・T. ドナルドソン『ビジネス・エシックス［新版］企業の社会的責任と倫理法令遵守マネジメント・システム』文眞堂，2003 年。

谷口照三『組織倫理論の可能性』大学教育出版，2022 年。

谷口勇仁「企業倫理活動の類型の検討：コンプライアンス型と価値共有型」『經濟學研究』北海道大学，第 63 巻第 1 号，2013 年，35-44 ページ。

中野千秋「日本における企業倫理制度化の有効性に関する一考察」『組織科学』組織学会，30 巻 2 号，1996 年，59-69 ページ。

中野千秋・山田敏之・福永晶彦・野村千佳子「第 5 回・日本における企業倫理制度化に関する定期実態調査報告」『日本経営倫理学会誌』第 16 号，2009 年，151-163 ページ。

中村瑞穂「企業倫理実現の条件」『明治大学社会科学研究所紀要』明治大学社会科学研究所，第 39 巻第 2 号，2001 年，87-99 ページ。

中村瑞穂編著『企業倫理と企業統治』文眞堂，2003 年。

96

中村瑞穂編著『日本の企業倫理』白桃書房, 2007 年。

福永晶彦・山田敏之・中野千秋「第 4 回・日本における企業倫理制度化に関する定期実態調査報告」『日本経営倫理学会誌』第 13 号, 2006 年, 91-103 ページ。

山田敏之・野村千佳子・中野千秋「第 1 回・日本における企業倫理制度化に関する定期実態調査報告」『日本経営倫理学会誌』第 5 号, 1998 年, 145-159 ページ。

山田敏之・福永晶彦・中野千秋「第 2 回・日本における企業倫理制度化に関する定期実態調査報告」『日本経営倫理学会誌』第 7 号, 2000 年, 211-232 ページ。

山田敏之・福永晶彦・野村千佳子・長塚晧右・中野千秋「第 3 回・日本における企業倫理制度化に関する定期実態調査報告」『日本経営倫理学会誌』第 10 号, 2003 年, 39-57 ページ。

Bazerman, M. H. and Tenbrunsel, A. E. (2011), *Blind Spots: Why We Fail To Do What's Right And What To Do About It*, Princeton University Press. (M・H・ベイザーマンと A・E・テンブランセル『倫理の死角—なぜ人と企業は判断を誤るのか』池村千秋訳, NTT 出版, 2013 年。)

Donaldson, T. and Dunfee, T. W. (1995), *Ties that Bind: A Social Contracts Approach to Business Ethics*, Harvard Business School Press.

Dunham, R. B. (1984), *Organizational Behavior: People and Processes in Management*, Irwin, Homewood, Ill.

Goodman, P. S. and Dean, J. W. Jr. (1989), "Why Productivity Efforts Fail", in W. L. French, C. H. Bell and R. A. Zawacki (eds.), *Organization Development: Theory, Practice, and Research*, BPI/Irwin, Homewood, Ill.

Hess, D. and McWhorter, R. S. and Fort, T. L. (2006), "The 2004 Amendment to the Federal Sentencing Guidelines and their Implicit Call for a Symbiotic Integration of Business Ethics, Fordham", *Journal of Corporate & Financial Law*, Vol.11, No.4. pp.741-743.

Moeller, R. (2001), *Sarbanes-Oxley and the New Internal Auditing Rules*, John Wiley & Sons Inc., pp.3-7.

Paine, L. S. (1994), "Managing for organizational integrity", *Harvard Business Review*, Vol.72, No.2, pp.106-117.

Paine, L. S. (1997), *Cases in leadership, ethics, and organizational integrity: a strategic perspective*. McGraw-Hill. (梅津光弘・柴柳英二訳『ハーバードのケースで学ぶ企業倫理—組織の誠実さを求めて』慶應義塾大学出版, 1999 年。)

Paine, L. S. (2003), *Value Shift: Why Companies Must Merge Social and Financial Imperatives to Achieve Superior Performance*. McGraw-Hill. (鈴木主税・塩原通男訳『バリューシフト：企業倫理の新時代』毎日新聞社, 2004 年。)

Treviño, L. K., Weaver, G. R. and Reynolds, S. J.（2006）, "View all authors and affiliations", *Journal of Management*, Vol.32, No.6, pp.951-990.

Vogel, D.（2005）, *The Market for virtue*, Brookings Institution Press.（小松・村上・田村訳『企業の社会的責任の徹底研究』一灯社，2007 年。）

Wiesen, J.（2003）, "Congress Enacts Sarbanes-Oxley Act of 2002: A Two-Ton Gorilla Awakes and Speaks", *Journal of Accounting, Auditing & Finance*, pp.429-448.

第6章　国際経営と企業倫理

学習目標

1. 企業が国際経営を行う理由について検討する。
2. 多国籍企業の道徳的義務について取り上げる。
3. 近年の国際的な企業行動規範の主な実績について明らかにする。

第1節　企業が国際経営を行う理由

　近年，「VUCA（ブーカ）の時代」といわれるほど経営環境を取り巻く変化は激しい。ここでいう VUCA とは Volatility（変動性），Uncertainty（不確実性），Complexity（複雑性），Ambiguity（曖昧性）を表す用語である。このような激しく変化する経営環境の中で，現代企業の経営者はサステナビリティの実現のために戦略的決断を下さなければならない（Bennett and Lemoine, 2014；ゲマワット，2020）。さまざまな経営環境の変化の中でもグローバル化による影響は私達の想像を絶する。

　国際化とグローバル化という表現があらゆる分野において登場するようになった。実際に，厳格な意味でこれらの用語を使い分ける基準は見当たらないが，最も一般的なものは以下のようである。まず，国際化（internationalization）とは「国内から国外へと方向を拡大すること」を意味する。言い換えれば，これは1つの国の中から外へと活動範囲を広げるという意味であり，発展の方向性を示している。さらに，従来国内で培ってきた経営体制や運用を諸外国でもそのまま生かすという意味では，経営システムなどを複写するという意味にもなる。

　次に，グローバル化（globalization）とは，一般的に「世界規模・地球規模での相互依存関係が進行する状態」を示す。すなわち，人・物・金・情報という経

営資源が国境を越えて相互作用することを意味する。このような動向は，ピューリツァー賞を三度も受賞したフリードマン（Friedman, T., 2005）が 2005 年に著した『フラット化する世界』にもよく現れている。21 世紀に入り，IT などの新しい技術力の出現によって「地球上のあらゆる人間との共同作業が可能になっている」ことを力説している内容である。

　特に，近年では世界標準ともいわれるグローバル・スタンダードが重要な意味を有している。この世界標準と関連する重要なキーワードにデファクトスタンダード（De Facto Standard）がある。この用語は文字通り「実質上の標準」という意味を有している。しかし，実際には ISO（international organization for standardization, 国際標準化機構）や JIS（Japanese Industrial Standards, 日本工業規格）などの標準化機構が定めた規格自体を指すのではなく，ある特定の市場において企業が競争した結果，最も多い消費者群が受け入れた規準のことを指す。言い換えれば，企業のグローバル化はある意味では，世界標準の規格に合わせた経営を目指すことになる。

　また，このようなグローバル化における定義を背景に，その活動の主体であ

図表 6 − 1　多国籍企業のさまざまな定義

定義の主体	定義の内容
国連	2 カ国以上で財やサービスの生産や販売に従事している企業
アメリカ国防省	資産を 2 カ所の国で有するすべての企業
ハーバード大学の多国籍企業プロジェクトチーム	6 カ国以上に子会社を持つ企業
ロルフ（Rolfe, S.E）	国外での活動において，売上，投資，生産，資産のいずれかが全体の 25％以上ある企業
バーノン（Vernon, R.）	共通の所有者によって統合され，売上高 1 億ドル以上を有しており，共通の経営戦略をもって対処し，少なくとも 6 カ国以上で活動しており，さらに少なくとも総資産の 20％以上が海外子会社のこれで占める企業

出所：佐久間（2013），1 〜 3 ページ。

る多国籍企業（multinational enterprise）に関するさまざまな定義も見られている。昨今のグローバル化に最も重要な役割を果たしている主体が多国籍企業であることはいうまでもない。

　図表6-1が示しているように，多国籍企業の定義はさまざまである。その中で最も代表的なものに国連の定義がある。これは「2カ国以上で財やサービスの生産や販売に従事している企業」である。その他にも事業展開する国の数（2カ国以上か6カ国以上か），売上高（20%以上か25%以上か），海外子会社の占める総資産額（20%以上か25%以上か）など多国籍企業を規定する基準はさまざまであることがわかる。多国籍企業は基本的に親会社と海外子会社から構成されているものを指す場合が多い（吉原，2015）。同一の経営単位の中で多くの国籍を抱えて事業活動を営む結果，自然に生まれたイメージであろう。当然，彼らは多くの国籍を有する企業で構成されているため，多くの文化，政治，宗教などを国際経営において既定のものとして受け入れざるをえない状況に置かれている。

　多国籍企業という概念が登場したのは，1960年代に開催されたあるシンポジウムであった。そこでリリエンソール（Lilienthal, D.）は，自分の講演で初めて多国籍企業という概念について触れた（山崎・竹田，1982）。実際に「多国籍」を表す英語には，Multinational, International, World, Transnational, Global などがある。しかし近年，多国籍企業を表す英語表記は主に multinational enterprise あるいは multinational corporation に収斂しつつある。さらに，世界経済が1つの自由市場へと変容し，自由な生産と販売活動が可能になるという意味もある（Boatright, J., 2000）。

　現地企業と比較してさまざまな面において不利な立場にありながらも，企業が多国籍化を図り，海外直接投資（Foreign Direct Investment: 以下，FDIとする）を行う根拠について，理論的に考察した多くの研究者がいる。ここでは多くの理論の中から4つの代表的な理論について紹介する。

　第1に，製品のライフサイクルに基づく認識である。これは国際経営理論の巨匠バーノン（Vernon, R., 1966）の主張するものである。彼は1960年代の米国の多国籍企業に見られる行動原理に着目した。それがプロダクト・ライフ・サイクル理論に基づくものであるという。ここでいうプロダクト・ライフ・サイク

ル理論とは，人間の歩みと同様に，導入期 → 成長期 → 成熟期 → 衰退期とい
うプロセスを経て，市場における製品の寿命も尽きるという考え方に基づいて
いる。特に注目すべき点は，製品のライフサイクルの変化とともに先進国から
発展途上国へと販売拠点を移転するという認識である。日本の企業でいうと，
ゲーム機メーカーの任天堂は，自社製品として，ファミコン（88 年 3 月～98 年 3
月），スーパーファミコン（91 年 3 月～99 年 3 月），ニンテンドー 64（97 年 3 月～
03 年 3 月），ゲームキューブ（02 年 3 月～09 年 3 月），Wii（07 年 3 月～16 年 3 月），
Wii U（13 年 3 月～18 年 3 月），ニンテンドースイッチ（17 年 3 月～現在）を販売した。
確かに同社は初期の段階において，日本で衰退期を迎えた自社製品を途上国で
販売する戦略的な動向があった。しかし，近年では先進国で衰退期を迎えた製
品を発展途上国で販売する経営戦略はますます困難になっている。なぜなら，
発展途上国の経済的発展とともに，その移行期間が短くなっており，製品のラ
イフサイクルを利用した経営戦略が徐々に通用しなくなっているからである。

　第 2 に，多国籍企業が有する「優位性（advantage）」がある（Hymer, S. H.,
1976）。ハイマーによれば，海外市場での不利な立場を克服するためには，現地
企業にない何らかの優位性を持たなければならないという。世界市場の不完全
性を克服するためには，自国内で開発される企業特有の優位性（firm specific
advantage）を持っていなければならないという。企業特有の優位性には，現地
企業が実現できない低コストの生産要素の購入，効率的な生産関数に関する知
識，効率的な流通システムの構築，差別化できる生産物などが存在する。

　ここでは日本マクドナルドの事例を取り上げる。同社は 1971 年に日本で創立
されたが，設立当時はマクドナルド本社 50％，藤田商会 40％，藤田氏 10％の持
ち分を所有する合弁会社の形態であった。その後，2001 年度に藤田商会と藤田
氏が株式を売却し，株式の所有構造に変化が現れた。2022 年 12 月 31 日現在，
米国のマクドナルド本社が 49.19％，個人株主が 47.35％，金融機関が 2.23％，そ
の他 1.23％ という順で株式を保有している[1]。同社は自社の優位性として，時
代の流れに即した商品開発，優れた販売促進プログラムを開発し，日本だけで
3,000 店舗を擁するまでに成長を遂げた。

　近年ではトヨタやパナソニックなどの製造業分野だけでなく，外食産業の分

野においても海外での出店が急激に増加している傾向が見られる。

　第3に，取引の内部化についてである（Buckley and Casson, 1991）。ここでいう内部化とは，企業が必要とする経営資源を企業内部に押さえておくことによって，競争上の劣位や経営上の不安定的な要素を未然に防ぐことである。同理論ではとりわけ進出国での市場取引より，自社内で調達することが取引コストの面においてより節約が期待できると予測される場合，当該企業は取引の内部化を選択し，競争優位性を維持しなければならないという。これはコース（Coase, R. H.）やウィリアムソン（Williamson, O. E.）などによって注目された取引コスト理論を多国籍経営理論に援用したものであると思われる。要するに，海外での事業展開上，予想される政治的・経済的・文化的課題などさまざまな不安要因に未然に備えるために，多国籍企業による現地での垂直的統合が有利であるという考えを擁護するものとして理解されている。

　さらに，現地企業による独占や寡占などの不完全競争を乗り越えて現地に進出するためには，FDIによる垂直統合が有効であるという。要するに，FDI自体が取引コストの節約を可能にするため，その設立が必要と思われる組織（多国籍企業）が必要である。ここでいう取引コストには，一般的に①新しい相手を探す費用「探索費用」，②問題があったら調整する費用「調整費用」，③取引相手を変える費用「変更費用」，④取引相手の信頼を得るためにかかる費用「信用形成費用」などがある。これについては，現地で起こりうる不確実性や複雑性に加え，人間の情報処理能力の不完全性が原因で発生する「限定された合理性（boundary rationality）」も多国籍企業による垂直的統合が有利になるという理論的基盤となっている。

　しかし現実の世界では，現地市場での取引も，多国籍企業による内部化傾向も併存しているのが現状である。これを安室（2009）は多国籍企業の「限界有効性」と呼んでいる。その限界有効性があるため，すべての分野において垂直統合せずに現地の状況に見合った適正規模を構築することが重要であるという。

　第4に，多国籍企業側の要因と受け入れ国側の要因についてである（Dunning, J. H, 1993; Dunning and Lundan, 2008）。この考え方は，OLIパラダイムともいわれ，多国籍企業がFDIを行う理由を説明する有効なツールとして認識されている。

ここでいう OLI パラダイムとは,「所有特殊的優位性 (ownership specific advantage)」,「立地特殊的変数 (location specific variables)」,「内部化インセンティブ変数 (internalization incentive advantage)」の頭文字を指し,これらの諸要因は企業が多国籍化のために意思決定を行う際に,その基礎をなす潜在的な優位性の源泉になるという考え方である。要するに,多国籍企業が現地に進出するためには,現地企業が保有していないこれらの優位性が必要不可欠であるという。

　この優位性には,まず,技術,知識,ノウハウ,R&D 能力,企業規模など,進出国の企業にはないユニークな有形・無形資産を保有することで獲得できる優位性のことを指す「所有特殊的優位性」がある。第 2 に,進出先の選定条件として政治・経済・社会・文化的な要因だけでなく,各国拠点間の距離を考慮した「立地特殊的変数」がある。最後に,進出国での市場取引を断念し,企業内で経営資源を獲得する際に期待できる「内部化インセンティブ変数 (internalization incentive advantage)」がある。

　ダニングはこの理論が登場した背景として,従来の理論展開の統一性の欠如の問題を指摘した。彼は産業組織論,内部化理論,立地論を統合した考えとして折衷理論 (eclectic theory) の重要性について強調した。

第 2 節　多国籍企業の道徳的義務

　しかし,上述したように,国際化を通して得られる利益がある反面,海外で事業展開を繰り広げる多国籍企業にとって,国内だけで企業活動を繰り広げている企業とは異なる特有の義務を有する。ビーチャムとボーウィら (Beauchamp, T. L. and Bowie, N. E., 1997) によれば,これらの義務に違反することは多国籍企業が果たすべき道徳的義務に対する期待を裏切る行為であり,国内企業とは異なる特有のものであるという。国内企業が国内のすべてのステークホルダーを考慮する義務が存在するように,多国籍企業にも負うべき道徳的義務が存在するという点では特例はない。そういった意味では,多国籍企業が負うべき道徳的義務は国内企業のステークホルダーに比べて,はるかに複雑で不確実なものが存在することは否めない。さらに,特有の義務として,受入国の義務と本国の義務

が相違する点が厳然と存在する場合もある。

　先述したように，多国籍企業は国内の経営環境と比較して，受入国での不利な状況を勘案しながら海外での事業展開を行う。企業が国を超えて海外に事業展開を行う際，数えきれない障壁を乗り越えなければならない。海外での事業展開は，自国内では経験しない不確実性・複雑性・多様性に直面することになるのである。

　冷戦後，多国籍企業は資本主義か社会主義のいずれかを標榜することによって塞がれていた政治的な障壁から解放され，より多くのビジネスチャンスを獲得している。承知の通り，世界的な経済雑誌として知られているフォーチュン誌のグローバル 500 社，フォーブス誌の 2,000 社に選抜されている企業のほとんどがグローバルな事業展開を行っている多国籍企業である。

　しかし，このような多国籍企業には，グローバルな事業展開を行うことによって得られるビジネスチャンス以外に，負わなければならない道徳的義務も存在する。

　まず，図表 6 - 2 が示しているように，多国籍企業の道徳的義務については I と II で分けて考えることができる。特に，II B のように，本国と受入国の道徳的原理が異なる場合に倫理的な問題が発生する。さらに，その異なる道徳的原理が「正当化されるかどうか」という問題に帰結される。したがって，当該多国籍企業が受入国の道徳的義務に従う「郷に入れば，郷に従う」という命題は，II B2 と II B3 では当てはまらない。これに対し，II B1 と II B4 では「郷に入れば，郷に従う」という道徳的原理に従う義務は発生しない。

　ボーウィによれば，これらの課題に対し，多国籍企業の CEO がとれる一般的なパターンには以下の 3 つが想定できるという。①善悪を個人の感覚や態度によって判断する「個人的相対主義（individual relativism）」，②受入国の文化などを容認し，外国に対する理解と対話を目指す倫理的態度のことをいう「文化的相対主義（cultural relativism）」，そして③一般に容認される道徳律が必要であると主張する「普遍主義（universalism）」がそれに該当するという。

　①に関しては，例えば，A さんが収賄行為をビジネス上正当であると信じ，B さんが収賄行為をビジネス上不当であると信じるならば，各々の行為も個人の

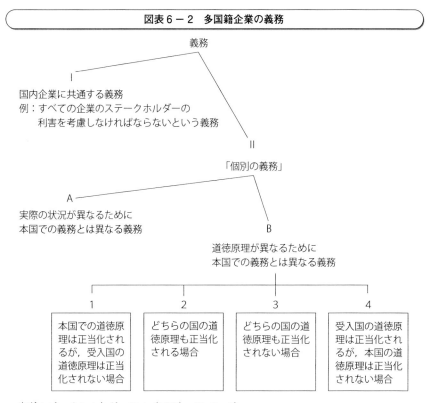

図表6－2　多国籍企業の義務

出所：ビーチャムとボーウィ（1997），18 ページ。

考えや価値観によって認められる結果となる。②に関しては，一般的に「郷に
入れば，郷に従う」という論理に該当する。これは 1990 年代にナイキ，リー
ボック，アディダスという世界的なアパレルメーカーがアジア諸国で児童労働
を実施したことはその有名な事例であろう。

　例えば，欧米諸国では許されない児童労働であっても，バングラデシュとい
う貧しい国では 5－7 歳の児童にスウェットショップで長時間暗々裏に行わせ
ていた。さらに，アフリカ諸国ではビジネス開始の前提が軍事政権へ賄賂を上
納することである場合に，当該企業は彼らの要請に応じるかという問題がある。
多国籍企業の行動指針を文化的相対主義に適用する場合，腐敗した軍事政権の

要求に応じるのは法的な次元では抵触しないであろう。さらに，ミルトン・フリードマンが主張する「企業は株主のものである」という見地から多国籍企業の経営者が行動をとるならば，より安価な労働力を求め，継続的にある国から他の国へ転々と移転するのは多国籍企業にとっては自然な動きであろう。

　次に，第2章でも取り上げたロールズ（Rawls, J. B.）の公正としての正義に基づく考え方もある。周知の通り，社会正義論を主張するロールズは「等しきものには等しく」という伝統的な公正とは異なり，社会に適用する公正な分配ルールに基づいて主張している。特に，個々人に許される自由と多様性の範囲をいかにコントロールするかが重要な論点であるとしている。社会正義論の出発点は，本来，企業を社会的制度の1つとしてとらえ，特に経営の役割が社会に対していかなる分配機能を果たすかを考慮するところにある。したがって，受入国の道徳規範によって契約が無視されるならば，多国籍企業はその道徳的規範に従ってはいけないという。近年ホットな話題になっているダイバーシティ経営やLGBTに代表される少数派や弱者への配慮などを積極的に企業経営の政策に取り入れることは，ロールズの考え方に基づくものとして知られている[2]。

　さらに，ドナルドソン（Donaldson, T., 1996）は，多国籍企業のマネージャーが直面する本国と受入国の規範の相異が生じる課題として，いかなる倫理基準を適用するかについて取り上げた。このような課題に対し，本来であれば，権利と正義に基づいて一貫した倫理的意思決定と行動をとるべきであるという普遍的なアプローチと，国や地域の道徳的原理に従うことを強調する文化相対主義的なアプローチの2つのアプローチからの解決を図っていた。

　その後，ドナルドソンとダンフィーによれば，統合社会契約論に基づき，本国と受入国の規範が相違または対立した際には，いずれかの超規範に矛盾しない限り，多国籍企業のCEOは現地の規範に従うことになっている（Donaldson and Dunfee, 1999）。ここでいう現地の規範は，ミクロ社会規範として発言権と退出権を有する人々によって共有されるのが一般的である。この場合は，超規範に矛盾していなければ道徳的自由空間（moral free space）が認められる。

第 3 節　国際経営と行動規範

　黒川・赤羽（2009）によれば，多国籍企業として国境を越えて事業を展開するためには，トランスナショナルな行動規範が必要であるという。これは根源的に，先述した「普遍主義」というアプローチに該当する。なぜなら，多国籍企業を取り巻くステークホルダー自体がより多様かつ複雑になるからである。グローバル化の進展が著しい今日においては，具体的に南北間の経済的格差，温室効果ガス問題，人権問題などが代表的な問題として生じている。先述したように，企業倫理の課題事項として取り上げた「国際関係」においても価値理念として「協調」が必要であり，租税回避，ソーシャルダンピング，不正資金洗浄，多国籍企業の問題行動（贈収賄，劣悪労働条件，公害防止設備不備，利益送還，政治介入，文化破壊など）課題事項（ethical issues）として取り上げられている。

　トランスナショナルな行動規範の代表的なものには，OECD 多国籍企業行動指針，コー円卓会議原則，サリバン原則，セリーズ原則，国連グローバル・コンパクトなどがある。これらの諸原則は，萌芽期，成長期，発展期を経て，CSR と関連する国際的な企業行動指針として今日まで至っているが，ここではその代表的なものについて紹介する。さらに，近年では SDGs も国連が掲げる必達目標として注目されているのは周知の通りである。ここでは各々の原則について詳細に取り上げる。このような企業行動指針には，策定の主体や本質によって①国際機関，②国内機関，③国際 NGO，④国際規格に大別することができる[3]。さらに，策定者によって国連，国，地域，自治体公的機関と民間組織や NGO 団体などの私的機関に区分される。

1　OECD 多国籍企業行動指針

　OECD 多国籍企業行動指針（OECD Guidelines for Multinational Enterprises）は，最初 1976 年に策定され，現在までに 6 回（1979 年，1984 年，1991 年，2000 年，2011 年，2023 年）改訂されている[4]。同行動指針は，世界経済の発展や企業行動の変化などに照らし合わせて調整されているが，OECD 加盟国以外に非加盟国

である 13 カ国も参加している。

　同行動指針には，多国籍企業にとって重要な課題である「一般原則，情報開示，人権，雇用及び労使関係，環境，贈賄・贈賄要求・金品の強要の防止，消費者利益，科学及び技術，競争，納税等」に関する原則と基準が示されている。しかし，多くの諸原則と同様に法的な拘束力はないため，企業に期待する責任ある行動を自主的に遵守することを勧告する水準に留まっている。

2　コー円卓会議原則

　コー円卓会議原則（The Caux Round Table）は，1986 年にフィリップ（Philips, F. J.）とジスカールデスタン（Giscard d'Estaing, O.）両氏によって発足した会議で制定された。彼らはグローバルな事業展開を繰り広げている多国籍企業に対し，世界平和と安定のために社会的・経済的脅威を減らすには，多国籍企業に必要不可欠な責任が問われることを強調した。興味深いのは，同原則は 1986 年に発生した日本と欧米諸国との貿易摩擦問題を解決するために生まれたことである[5]。

　さらに，彼らはオランダのフィリップ社の元社長とヨーロッパ経営大学院副委員長という地位を利用し，日米欧企業のグローバルなリーダーたちに以下の 7 つの諸原則を提示した。

原則 1　企業の責任：株主だけでなくすべてのステークホルダーに対する責任
原則 2　企業の経済的そして社会的インパクト：イノベーション，正義そして地球コミュニティに向けて
原則 3　企業行動：法律の文言に従うだけでなく信頼の精神で
原則 4　ルールの尊重：貿易摩擦の回避を超えて，協力体制の確立に向けて
原則 5　多角的貿易の支持：孤立化でなく，世界規模のコミュニティへ
原則 6　違法行為の防止：利益ではなく平和を求めて

　このようにコー円卓会議原則には，他の原則に見られない「平和」を重視する姿勢がある点が注目に値する。

3　サリバン原則

　サリバン原則（Sullivan Principles）は，米国の GM 社で初めて取締役に昇進したアフリカ系アメリカ人がサリバン（Sullivan, L.）という名前であったことに由来する。同原則は，1977 年に策定され，1999 年にはコフィー・アナン前事務総長とともに改訂したグローバル・サリバン原則が発表された。1970 年代にゼネラルモーターズが南アフリカ共和国で多くの黒人労働者を雇用する中で人種差別・差別政策が見られたが，これらの諸問題を事前に防止するために講じられたアパルトヘイト政策のベースとなった。同原則には，労働環境や労働条件に対する人種差別的な行為を禁止する項目が主に含まれていた。

1　食事・休息・仕事をする施設内で人種隔離を行わないこと。

2　すべての従業員に，平等で公正な雇用条件を適用すること。

3　すべての従業員の，同一の時間帯の，まったく同じか同等の仕事に対し，等しい給料を払うこと。

4　相当数の黒人や非白人が管理や経営，事務，技術の仕事ができるよう，研修を開始し規模・内容を拡大していくこと。

5　黒人や非白人のマネージャー，その他管理職を増やすこと。

6　就労環境以外，例えば住居，交通，学校，余暇，健康などの施設での黒人や非白人の生活の質を向上させること。

7　社会的，経済的，政治的な正義の実現を妨げる法律や習慣を無くすべく行動すること。

　後に改定された際には，国際的な CSR 活動を促す項目が含まれることになった。

4　国連グローバル・コンパクト

　国連グローバル・コンパクト（The Ten Principles of the UN Global Compact）は基本的に 4 分野 10 原則によって構成されている。これはすでに定められている 4 分野（人権，労働，環境，腐敗防止）と各分野の原則 1 〜原則 10 に対する支持をグローバル・コンパクトに加入する企業や団体に求めている。この 4 分野と 10

原則は，2000年に当時の国連事務総長であったコフィー・アナン氏によって提唱されたものとして知られている。加入する企業や組織には責任ある創造的なリーダーシップを発揮することで，社会の一員としての行動を期待している。

　日本においても，2023年9月現在グローバルコンパクト・ジャパンに加入している企業や団体は573組織もあることが確認できた。企業のみならず大学，非営利組織，官庁など実にさまざまな組織形態が加盟していることがわかる[6]。

　特に，グローバルなサプライチェーンにおける児童労働や強制労働など人権デューデリジェンス（human rights Due Diligence）の問題が顕在化することによって，その対応策への関心が高まっている。日本ではこれらの動向の対応策として，経済産業省では「ビジネスと人権」に関する行動計画策定後，2022年9月に「責任あるサプライチェーンにおける人権尊重のためのガイドライン」が

図表6−3　国連グローバル・コンパクトのイメージ

人権	原則1：人権擁護の支持と尊重 原則2：人権侵害への非加担
労働	原則3：結社の自由と団体交渉権の承認 原則4：強制労働の排除 原則5：児童労働の実効的な廃止 原則6：雇用と職業の差別撤廃
環境	原則7：環境問題の予防的アプローチ 原則8：環境に対する責任のイニシアティブ 原則9：環境にやさしい技術の開発と普及
腐敗防止	原則10：強要や賄賂を含むあらゆる 形態の腐敗防止の取組み

出所：グローバル・コンパクト・ネットワークジャパンホームページ（https://ungcjn.org/）2024年2月28日閲覧。

公表された[7]。

ケースで学ぶ　アパレルメーカーの児童労働問題

　1990 年代に入り，開発途上国に進出した多国籍企業が，本社がある国の法律との相違を利用して経済的な利益を得ようとした非倫理的な政策に対し，国際的な非営利組織によるボイコット活動が後を絶たなかった。冷戦直後の 1990 年代には途上国でナイキ，アディダス，リーボックなどのアパレルメーカーによる児童労働問題が多発した。当時，進出国であったバングラデシュの数々の工場では 5 〜 7 歳の児童を働かせていた。バングラデシュでは児童労働に対する法的な規制が整っておらず，アパレルメーカーの立場からは法律に抵触することがなかった。これらの深刻な状況について，国際的な非営利団体による不買運動や抗議デモによってその実情が浮き彫りにされた。その後，英国の放送局である BBC によってその詳細な事情が報道され，それらのアパレルメーカーのパブリックイメージに大きな打撃を与える結果となった。実際に，児童労働問題を引き起こした企業には，世界的な規模で事業展開をした多国籍企業以外にも数多くの企業が含まれていたが，一罰百戒の意図で彼らを不買運動の対象にしたという。

　バングラデシュという国は未だにアジアの中で最貧国の 1 つである。1990 年代にバングラデシュの輸出額の 8 割近くを占めていたのが縫製業であった。その工場で働いていた児童たちは，「スウェットショップ（sweat shop）」といわれるほど過酷な労働環境の中で 12 時間以上働いていた。日本では「搾取工場」とも訳されているが，このような労働環境は，コスト削減という名目で，アパレルメーカーの生産工場以外にコットン畑，コーヒー農園でも同様の実態であることが浮き彫りにされた。今でも生計のために働いていた児童の数が，約 1 億 5,000 万人以上に達していることが知られている。

　このような実態を踏まえ，1992 年 8 月に当時，米国の上院議員であったハーキン（Harkin, Tom）によって，バングラデシュのスウェットショップで製造された製品を米国へ輸入することを禁止する法案（The Child Labor Deterrence Act）が提出され，世間からの注目を浴びるようになった。その後，国連が主導するグローバル・コンパクトが制定され，すべての企業に対し，人権・労働権・環境・腐敗防止などに関する 10 原則を遵守し実践するように要請している。

📖 話し合ってみよう！

1. ナイキやアディダスなどの多国籍企業に問われる倫理的な問題は何か。
2. 児童労働の温床ともいわれているスウェットショップの問題について話し合いなさい。
3. 国際的な NGO 組織の活動例について調べてみよう。

まとめ

◎第1に，企業が国際化する理由には，製品のライフサイクルの変化，海外市場での不利な立場を克服しようと自国内で開発した企業特有の優位性の確立，取引の内部化，OLI パラダイムで説明できる優位性の確立などがある。
◎第2に，多国籍企業の道徳的義務には，国内企業には問われない特有の義務がある。本国と受入国で道徳的義務に正当性があるかないかによって多国籍企業の CEO は異なる対応をすべきである。
◎第3に，トランスナショナルな行動規範の代表的なものに，OECD 多国籍企業行動指針，コー円卓会議原則，サリバン原則，セリーズ原則，国連グローバル・コンパクトなどがある。

【注】

1）「日本マクドナルド株式会社の 2022 年度財務報告書」（https://ircms.irstreet.com/contents/data_file.php?template=1546&brand=74&data=375527&filename=pdf_file.pdf）2023 年 4 月 29 日閲覧。
　ここでいう LGBT とは一般的に性的少数者の総称を指すものである。Lesbian（女性同性愛者），Gay（男性同性愛者），Bisexual（両性愛者），Transgender（性同一性障がい者）の頭文字をとった表現である。近年では経済のグローバル化とともに，欧米企業で主流となっている考え方が日本社会へ影響する傾向を見せている。
2）青木崇「国際機関の CSR に関する企業行動指針」『イノベーション・マネジメント』法政大学イノベーション・マネジメント研究センター，2006 年。
3）外務省のホームページ（https://www.mofa.go.jp/mo faj/gaiko/csr/housin.html）2024 年 1 月 3 日閲覧。

5）「経済人コー円卓会議日本委員会」のホームページ（https://crt-japan.jp/about/ trajectory/）2024 年 1 月 3 日閲覧。

6）「グローバル・コンパクト・ネットワーク・ジャパン（ungcjn.org）」2023 年 9 月 19 日閲覧。

7）経済産業省ホームページ「責任あるサプライチェーン等における 人権尊重のためのガイドライン」（20220913003-a.pdf（meti.go.jp）2024 年 1 月 3 日閲覧。

参考文献

青木崇「国際機関の CSR に関する企業行動指針」『イノベーション・マネジメント』法政大学イノベーション・マネジメント研究センター，2006 年，105-124 ページ。

安室憲一「『内部化理論』の限界有効性」『立教ビジネスレビュー』立教大学，第 2 号，2009 年，9-17 ページ。

黒川保美・赤羽新太郎『CSR グランド戦略』白桃書房，2009 年。

佐久間信夫『多国籍企業の戦略経営』白桃書房，2013 年。

高巖・T．ドナルドソン『新版　ビジネス・エシックス』文眞堂，2003 年。

トーマス・フリードマン『フラット化する世界 経済の大転換と人間の未来（上・下）』日本経済新聞出版，2006 年。

パンカジュ・ゲマワット著，琴坂将広訳『VUCA 時代のグローバル戦略』東洋経済新報社，2020 年。

山崎清・竹田志郎『テキストブック国際経営』有斐閣，1982 年。

吉原英樹『国際経営　第 4 版』有斐閣アルマ，2015 年。

Beauchamp, T. L. and Bowie, N. E. (ed) (1997), *Ethical Theory and Business*, Prentice Hall.（小林俊治監訳『企業倫理学〈4〉国際ビジネスの倫理的課題／社会的正義と経済的正義』晃洋書房，2017 年。）

Bennett, N., and Lemoine, G. J. (2014), "What a difference a word makes: Understanding threats to performance in a VUCA world", *Business Horizon*, Vol.57, Issue 3, pp.311-317.（小林俊治監訳『企業倫理学 4』晃洋書房，2017 年。）

Boatright, J. R. (2000), "Globalization and the Ethics of Business", *Business Ethics Quarterly*, Vol.10 No.1, pp.1-6.（中村瑞穂監訳『企業倫理学 4』晃洋書房，2005 年。）

Buckley, P. J. and Casson, M. P. J. (1991), *The future of the multinational enterprise*, Springer.

Donaldson, T. (1996), "Values in tension: Ethics away from home", *Harvard Business*

Review, 26 (5), pp.48-62.

Donaldson, T. and Dunfee, T. W. (1999), *Ties That Bind: A Social Contracts Approach to Business Ethics*, Cambridge: Harvard Business School Press.

Dunning, J. H. (1993), *Multinational Enterprises and the Global Economy*, Addison Wesley, New York.

Dunning, J. H. and Lundan, S. M. (2008), "Institutions and the OLI Paradigm of the Multinational Enterprise", *Asia Pacific Journal of Management*, Vol.25, No.4, pp.573-593.

Hymer, S. H. (1976), *The international operations of national firms, a study of direct foreign investment*, Cambridge. MIT Press.

Vernon, R. (1966), "International investment and international trade in the product cycle", *Quarterly Journal of Economics*, Vol.80, No.2, pp.190-207.

第7章　内部告発と企業倫理

学習目標
1. 内部告発の意義について調べてみよう。
2. 内部告発の2つのアプローチについて検討する。
3. 公益通報者保護法の内容について明らかにする。

第1節　内部告発の意義

　近年，企業不祥事事件をめぐる展開として，組織の内部者による告発が相次いでいる。論争の的となっている点は，企業不祥事を引き起こした社内の上司や同僚を内部者が訴えた事実である。これらの動向は，「和」の文化や共同体としての共存を重んじる日本の伝統に照らし合わせると，歪なことかもしれない。

　しかし，2007年に発生した「オリンパスの内部告発事件」，2015年に発覚した「東芝の不正会計問題」，2018年7月に発生した「ヤマト運輸の過大請求不正」など近年発生している事件の多くは，内部告発によって暴露された点が注目に値する。内部告発は，日本だけで生じる問題ではなく，欧米やアジアの近隣諸国においても見られる現象である。例えば，米国の最大の情報漏洩を暴露したエドワード・スノーデン事件，韓国のサムスングループの贈賄暴露事件などがある。さらに，企業のような営利組織ではない自衛隊の中で発生した護衛艦「たちかぜ」いじめ自殺事件なども内部告発によってその真相が明るみに出た事件であった[1]。

　第1章でも触れたように，内部告発は企業倫理の制度化を支える一軸として位置づけられている。組織内で発生した不正を外部の規制機関に通報するという手段を使う意味では，内部通報とは異なる次元で取り扱われる。さらに，常に通報先を設置することによって，社内に倫理的な緊張感を保てるという効果

も期待されている。しかし，近年日本で発生しているさまざまな企業不祥事の実態を探ると，内部告発が機能不全に陥っているという批判の声が飛び交っているのも事実である。

ではここで内部告発の定義について明らかにする。内部告発とは，「①内部告発は，組織内の人物によって行われる。②内部告発は，未公開情報の自発的公表で，道徳的異議申し立ての側面を有する。③内部告発は，組織における非合法的，非道徳的な行為，公共の利益に反する行為に関する情報の公表である。④内部告発は，組織内の正常な伝達経路以外にもとづいて，関係のあるものに対して行われる」という（出見世，2004）。英語では 'whistle-blowing' の訳語である。文字どおり「笛を吹くこと」という意味を有する。

一方で，先述した「内部通報」との概念的な区分をしなければならない。例えば，ある部署の部長のミスコンタクトを当該部署の部下が社長や役員などに告げる行為は厳密な意味では，内部告発に該当しない。なぜなら内部告発を実行するという行為が意味するのは，警察，政府監督機関，マスコミなどの外部機関や組織に対して組織内の不正行為を暴露するという前提があるからである。内部通報制度は，ある意味ではパブリックイメージの悪化を恐れる経営責任者が揉み消しに走る可能性や危険性も内包しているからである。内部告発された情報を取り扱う当局は，内部告発者保護のため管轄部署以外には関連する情報を未公開にしなければならない。

米国の状況を探ると，2012年にニュース雑誌であるタイム誌の編集局によって選定されたパーソン・オブ・ザ・イヤー（Person of the Year），すなわち「今年の人」は驚くことに「内部告発者たち」（whistleblowers）。ワールドコム，FBI，エンロンという組織を内部告発した3人の女性たち（シンシア・クーパー，コリーン・ロウリー，シェロン・ワトキンス）であった（Dungan, J. and Waytz, A. and Young, L., 2015）。このように同じ組織にいる同僚を外部の団体に告発するという事実から，日本の文化では制度として受け入れ難いという批判の声も少なくない。しかし，近年の内部告発に対する意識調査では，内部告発を肯定する傾向（80％以上）がある。さらに，職場の半数以上の人々が組織内の不正を見つけた際には，「内部告発する意思がある」と表明したアンケート結果からも，内部告

発に対する日本人の意識に新たな変化が芽生えていることは否めない[2]。

　一方で，米国の SEC では，告発者に対して支払う報奨金制度があり，年々増加傾向にあることが明らかにされた。具体的には，2020 年度に告発者に支払われた金額は 1 億 7,500 万ドル（約 183 億円）に達し，前年度比の 3 倍増になっているという。これは過去最高額の結果となった[3]。

　日本においても，内部告発者を保護するための制度として，2006 年に公益通報者保護法が制定され，2022 年に改訂された[4]。

第 2 節　内部告発する要件

1　内部告発に対する 2 つのアプローチ

　内部告発に対するアプローチは，肯定派と反対派に大別される。まず，内部告発に対し，順機能としての認識を有している肯定派について取り上げる。肯定派は，内部告発が啓蒙主義（illuminism）的な属性を有している面を強調している。例えば，一罰百戒のように，処罰を見せしめにして，人々に警鐘を鳴らす効果を期待するのがこれに当たる。ここでいう啓蒙主義とは，合理主義的思想に基づいて旧弊を打破し，理性による社会の建設を目指した思潮のことをいう。

　内部告発に対して啓蒙主義的な見地から理論を述べている研究者にディジョージ（DeGeorge, R. T., 1995）がいる。彼は，以下のような条件（倫理的正当化）を揃えると，内部告発を積極的に行ってもよいと主張している。周知のように，内部告発に対し，意図された結果とは異なり公衆から嫌悪される傾向があることも否めない。なぜなら，それらの行為は，自分を育ててくれた組織への背信行為，誹謗や中傷と同一の範疇に入るかもしれないという認識と対立するからである。さらに，彼は，組織成員が内部告発を実行に移すことを正当化する要件として以下のものを取り上げている。

　①「共同体の倫理」が組織内部で考えられている場合
　②内部告発をしてもよいという考えではなく，果たすべき義務として考えられる場合

　③仲介者がいても，客観的に正当である場合

という３つの条件が揃わなければならないという。

　そして，彼は以下の２つの追加的な要件が整うと，内部告発をしなければならない義務が発生するという。

　④内部告発者は，自らの状況認識が正確で公衆への危害が深刻になる可能性
　　が生じた場合に，理性的で公平な観察者を納得させられるだけの証拠資料
　　をもっていること
　⑤内部告発者は，外部に公表することで必要な変化がもたらされると信じる
　　もっともな理由を有していること

　日本においても，内部告発自体の良し悪しのアプローチ，すなわち「不正を暴露する人物をいかに保護できるのか」という関心から，組織内で不正を見つけた人が内部告発をしなければならないという義務化の観点からその理論的な根拠を探る動向もある（柏葉，2009）。しかし，理論検証の結果，内部告発が公衆の利益のために（特に危害防止のために）重要な役割を果たすという漠然とした論理の下で，告発行為を義務づけなければならないという主張には無理があるという結論になっている。

　次に，内部告発に対する反対派についてである。このアプローチは，内部告発が有する破壊的な特性，とりわけ当該組織のパブリックイメージに深刻なダメージを与えるために，内部告発より他の手段を考案した方がいいという考え方である。恥の文化などに象徴されるように，古くから日本では恥ずかしい行為を嫌悪する文化がある。さらに，内部告発者に対する処罰として「偽装された報復」を恐れるため，自分を守る賢明な手段として「思考欠如」の行動をとることもある。例えば，「自分自身が行っていることを考えないようにしよう，極力何もしないようにしていよう」と考えさせる組織からの圧力がこれに該当する。ここでいう「偽造された報復」に当たる行為には，仕事のない部署への異動，仕事への情熱を奪い取った上での自主退職の圧力，就業態度の悪さを理由にした解雇などがある。

　和の文化を精神的な基盤として維持してきている日本においては，内部告発に対して非常に否定的な視点に囚われることが多かった。しかし，近年の職場における日本人の意識調査から，内部告発に対して半分以上の従業員が前向きな姿勢を見せていることがわかった。

　周知の通り，日本の大企業を特徴づけるものとして，アベグレン（Abegglen, J. C., 1958）によって提唱されたのが終身雇用制，年功序列，企業内組合という 3 本柱であった。これらの特徴は，欧米企業には当てはまらない日本的雇用システムが有する特異性と見られる。すなわち日本的雇用システムには当該企業と従業員との間に契約などのような明文化された法的な措置がなく，いわば日本的雇用慣行という名の下で両者間の漠然とした信頼関係でしか支えられていない労使関係を基盤に成り立っていた。

2　内部告発する諸要件

　内部告発者の最も悩ましいジレンマは，最初に発生しうる道徳的価値の衝突，すなわち「公正さと会社に対する忠誠心のトレードオフ関係」（fairness-loyalty tradeoff）にある（Dungan, J. and Waytz, A. and Young, L., 2013）。内部告発者をめぐる倫理的な曖昧さ（ethical ambiguity）と直面する否定的な結果（negative outcome）は内部告発者に対して以下のような疑問を投げかける。すなわち，「初期の段階において，いったい何が人々を内部告発に向かわせるのか」という問いである。

　各国における内部告発に対する根源的な認識の違いは，文化，制度，実践を含む社会全体の経験から生まれる。さらに，近年では日本において，組織の外部にいる公衆全体の公益を守る手段として，内部告発に対する認識が肯定的に変わっている動向が見られるように，企業倫理に対する人々の認識は時代や状況によって変化が可能であるという認識も受け入れられている。しかし，日本においては，欧米で見られる内部告発者に対するヒーロー扱いや金銭的な報酬が伴うことへの文化的な違和感も存在する。

　内部告発には当該組織の外部へ問題を公表する行為が伴う以上，組織への裏切り行為や密告，誹謗，中傷という売名行為とは明確に区分する必要がある（増

渕，2005）。そして，内部告発行為自体を義務化する問題についても考慮しなければならない。なぜなら，内部告発を行う者には精神的な圧迫感が伴うため，内部告発する際にはその行為自体を正当化することや内部告発者保護のためにも，制度としての一定の条件を定めなければならない。さらに，ダンガンら（Dungan and Waytz and Young, 2015）によれば，図表7－1が示しているように，内部告発を実行する際に，道徳的に考慮すべき諸要因として文化的要因（相互依存的か独立的か），個人的要因（能動的か控え目か），状況的要因（保護されているか威嚇されているか）があるという。要するに，取り上げられた3つの諸要因には，各々の対立する諸条件が存在し，行動に移すためにはそれらを常に考慮しなければならないからである。

　道徳基盤理論（moral foundation theory）で明らかにされているのは，人々が意思決定を行う際にその行動の良し悪しを決めるために，考慮すべき5つの基本的な諸価値，すなわち危害，公正，忠誠，権限，純粋が存在するという。これらの諸価値の中で，とりわけ公平と忠誠に限っては，内部告発の可能性を許容する状況において直接的に衝突を引き起こす可能性がある。

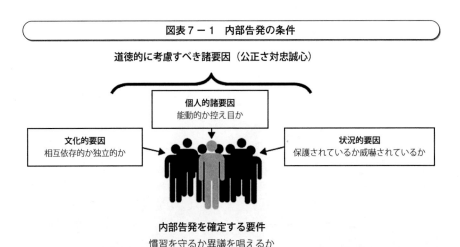

図表7－1　内部告発の条件

道徳的に考慮すべき諸要因（公正さ対忠誠心）

個人的諸要因
能動的か控え目か

文化的要因
相互依存的か独立的か

状況的要因
保護されているか威嚇されているか

内部告発を確定する要件
慣習を守るか異議を唱えるか

出所：Dungan and Waytz and Young (2015), p.130.

第３節　内部告発する理由と条件

　ここでは内部告発を意図している人は内部告発を起こす場合，どのような環境と条件が必要なのかという問いについて検討する。周知の通り，内部告発を決行する場合，組織からの報復や冷遇などを理由に内部告発を躊躇することも考えられる。したがって，自分の身を守る行動として「思考欠如」，すなわち「自分自身が行っていることを考えないようにしよう，極力何もしないようにしていよう」という態度を維持するのが一般的な行動パターンである。

　ではこのような条件下で人々はなぜ内部告発という行動に出るのか。これらの意図と行動の関係を探るものとして，計画的行動理論モデル（the theory of planned behavior, Ajzen, 1991）がある。同理論が注目されている背景には，意図したことと実際の行動との関連の低さが問題点として指摘されているからである。

　これはエイジェン（Ajzen, I., 1991, 2006）によって考案されたモデルであり，行動に影響を及ぼす要因として，行動への態度，主観的規範，コントロール感という３つの要因があるという。まず，「行動への態度」とは，行動に対する自分の気持ちを表している。すなわち，自分が引き起こした行動から生じるメリットとデメリットの度合いで判断される。次に，「主観的規範」とは，周囲の人々から期待されている行動に関する規範のことを指す。例えば，周囲の期待に応えるために，頑張らないといけないと思うことを意味する。さらに，「コントロール感」とは，行動を引き起こす容易さのことを指す。これは「自分ならできる，あるいは自分には無理である」と自ら判断することを意味する。これは心理学分野では「自己効力感」（self-efficacy）とも表現されており，ありのままの自分を肯定する感覚を意味する「自己肯定感」（self-esteem）と同じく，意図したことを行動に移すかどうかを決める重要な要因として認識されている。当然であるが，２つの要因が高い場合は，行動に移す確率が高くなる。

　このように，同理論によれば，人間が行動に移すかどうかは，単にその行動を良いと思うかという態度だけで決まるのではなく，その行動が社会的な常識に反していないかという規範，自分はその行動を実行できる力があるかという

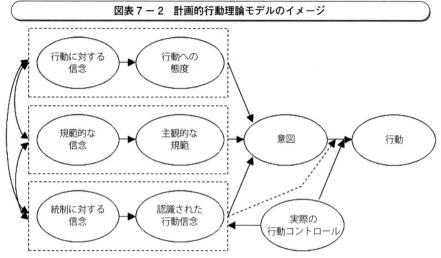

図表 7 - 2　計画的行動理論モデルのイメージ

出所：Ajzen（2006）, p.1.

統制可能性を先に考慮した上で行動するという結論である。

　さらに精緻化された近年の理論では，図表 7 - 2 が示しているように，上述した 3 つの諸要因にさらに影響を及ぼすものとして，「行動に対する信念」，「規範的な信念」，「統制に対する信念」が加わることが明らかにされている。

第 4 節　内部告発とコーポレートガバナンス

1　会社法とコーポレートガバナンス

　先述したように，内部通報と内部告発は告発者の精神的な負担の大きさなどの面において異なる意味を有している。日本の会社法の規定により，株式会社制度は，監査役会設置会社，監査等委員会設置会社，指定委員会等設置会社という 3 つの類型の会社を設置することが許されている。

　東洋経済新報社の編集部では毎年『CSR 企業総覧』を発行し，内部通報者の多い企業を発表している。図表 7 - 3 が示しているように，第 1 位から第 10 位までの企業を順位別に明らかにしている。興味深いのは 1 位から 10 位に選定さ

図表 7 - 3　内部通報者が多い企業ランキング

順位	社名	通報件数 (2020 年度)	通報件数 (2019 年度)	内部通報 窓口（社内）	内部通用 窓口（社外）	権利保護に 関する規定
1	日産自動車	1,166	1,681	他	他	○
2	セブン＆アイ・ホールディングス	1,144	1,209	○	○	○
3	パン・パシフィック・インターナショナルホールディングス	1,114	989	○	○	○
4	ヤマトホールディングス	872	696	○	○	○
5	KDDI	671	469	○	○	○
6	日立製作所	639	459	○	○	○
7	ファーストリテイリング	630	690	○	○	○
8	トヨタ自動車	624	179	○	○	○
9	パナソニック	570	760	○	○	○
9	三菱 UFJ フィナンシャル・グループ	570	574	○	○	○

出所：東洋経済新聞社編集部，『東洋経済オンライン』2022 年 1 月 30 日（https://toyokeizai. net/articles/-/504896 に 2023 年 4 月 7 日に閲覧）。

れている企業の多くが製造業という点である。内部通報が多いということは，社内で不正を行う人が多いという意味に解釈される面もあるが，近年では「通報しやすい，風通しがいい」企業文化が定着しているようにも評価されている。それは結果的に，企業不祥事を未然に防止することが可能であることを指す。これは同社の 2022 年版の調査に回答した企業のうち，675 社の内部通報件数を明らかにした結果である[5]。

2 内部告発と関連する法律

　近年，内部告発に関する法律の制定が見られている。日本の場合，先述したように，企業不祥事が世間に発覚する端緒として組織内部者による告発がその主要な位置づけになっている。和の文化，運命共同体などの言葉に代表されるように，職場内での組織成員間で相互協力的な組織文化の構築が優先され，職場内の上司や同僚に対する告発はタブー視される傾向があった。しかし近年では，大学進学率の上昇など教育機会が拡大した結果，職場内での活動をめぐる人権に対する高い権利意識が生まれた。さらに，企業を含む経営組織体による社内制度化の構築によって組織成員の意識も高まったといえよう。

　一方，企業倫理先進国といわれる多くの国では，日本より早い時期から内部告発者を保護するための制度的整備が行われてきた。

　まず，米国においては，1989年に制定された内部告発者保護法（Whistleblower Protection Act，2003年に改正），2002年にエンロンやワールドコムの巨額不正会計事件をきっかけに制定されたサーベンス・オクスレー法（Sarbanes-Oxley Act）などが代表的な法律として知られている。さらに，ケイ・タム（Qui Tam）行為を通報した者に対して報奨金を支払う制度も備えられている。ここでいうケイ・タム行為とは，政府と契約を結ぶ相手方（企業や個人）が引き起こした不正を発見した際には，その相手方を対象に賠償を求める民事訴訟のことをいう。この報奨金制度は，組織内の信頼関係やコミュニケーションなどを崩壊させる「負」の側面もしばしば指摘されている。米証券取引委員会（SEC）によれば，2022会計年度に内部告発者に支払った報奨金は2億7,900万ドル（約380億円）となり，過去最高額を更新したという[6]。

　さらに，英国においては，1998年に民間部門と公的部門における内部告発者保護のために制定された公益開示法（Public Interest Disclosure Act）がある。同法律は，1980年代から1990年代前半にかけて頻発した企業不祥事に対する事前防止や市民団体による内部告発者保護に関する規定が含まれている。さらにEU加盟国においては，内部告発者保護のための規制が定められておらず，従来まで各々の国で異なる規制があった。しかし，ケンブリッジ・アナリティカ事件やパナマ文書事件後に統一的な規制の必要性が生じ，2019年10月17日にEU

公益通報者保護指令が成立した。同指令の成立によって，保護される公益通報者の範囲，保護される通報内容の範囲，通報者の保護の要件，内部通報制度の構築義務対象者などが明らかにされた。

　韓国においては，内部告発と関連する法律として，2002 年に制定された「腐敗防止法」がある。同法は OECD からの勧告を受けたもので，公職者の不正行為や法律違反行為によって公的機関に財産上の損失を被らせたことを認知した場合や，これらの行為を強要されたりする場合は申告することが可能な法律である。同法律によって，申告者に対する身分保障，責任減免などの保護と共に，報奨金なども提供される。

　一方，日本では 2006 年度に内部告発者保護のための公益通報者保護法が施行され，2020 年に改正された。同法律が改正された主な内容としては，保護されるべき内部告発者の範囲を労働者以外の役員と退職者にも広げたこと，内部調査担当者の守秘義務内容の強化，保護される通報内容の拡大などが含まれている。同法律の改正によって，オリンパス事件などで明らかにされた内部調査担当者が事件を引き起こした当事者に告発事実を知らせるなどの問題点に対する対策措置とされた。

ケースで学ぼう　**オリンパスの内部通報事件**

　日本において内部告発事件で世間を揺るがした企業の１つにオリンパスがある。同社は会計不正問題と内部告発問題がきっかけで内部告発者たちによってその実態が暴露された。２つの事件は，前社長であったマイケル・ウッドフォードの『解任』（2012 年）と，元社員であった浜田正晴の『オリンパスの闇と戦って』（2012 年）が書籍として発行されたことも興味深い。

　ここでは浜田正晴氏が関連する内部通報事件をめぐる動向について取り上げる。読売新聞の報道によれば，大手鉄鋼メーカー向けに精密検査システムの販売を担当していた浜田氏が，2007 年４月に社内のコンプライアンス通報窓口に上司に関する告発をしたことが事件の始まりである。浜田氏は，取引先から機密情報を知る社員を引き抜こうとする社内の動きを察知し，その行為自体が不正競争防止法違反の可能性があると認識した。同氏は自分の直属部署の上司にその事実を報告した。しかし，その上司は彼の報告を聞き入れなかったという。それで浜田氏は，同年６月に社内のコン

プライアンスヘルプライン室に通報した。同社ではその事実を認め，取引先に陳謝したことで一段落したかに見えた。

　しかし，その2か月後，浜田氏は，問題を引き起こした上司の管轄する別の部署に異動を命じられた。配属された部署は長い間勤めていた営業職とは無関係の技術系の業務であった。さらに，浜田氏は，部署外の人間との接触禁止命令を受けたり，資料整理などの単純な業務がほとんどだったりと職務意欲を低下させる管理体制に入れさせられた。人事考課に関しても，長期病欠扱いの低評価を受けていた。

　このような会社からの配置転換などの制裁の不当さを理由に，2008年に裁判を起こし，8年という長期間の戦いの末，同社との和解が成立するところまで至った。浜田氏は，事件後，無事に退職の時期を迎えるが，アベマTVでのインタビューを通して公益通報者保護法などの法律的な不備（通報者を守らなかった人への処罰など）を指摘した※。

図表7－4　オリンパスの内部告発事件をめぐる流れ

取引先から機密情報を知る社員を引き抜こうとする社内の動きを確認。

不正競争防止法違反（営業秘密の侵害）の可能性があると判断し，上司に懸念を伝達。

上司に聞き入れられなかったため，「コンプライアンスヘルプライン室」に通報。

オリンパスと上司に対し異動の取り消しなどを求め，**東京地裁に提訴**

問題を起こした上司の管轄する**別セクションに異動させられ，人事考課上の冷遇**をうける。

告発を受けて，**取引先に謝罪。**

出所：筆者作成。

※）アベマTVの取材内容については，「オリンパス社員に聞く良心の告発，生かす道」（https://www.youtube.com/watch?v=SKGXVox6iWI）を参照せよ。

📖 話し合ってみよう！

1. オリンパス事件の全体的な流れについてグループで話し合ってみよう。
2. 図表 7 - 2 で示した各々の段階において，自分だったらどのように行動するかについて議論しよう。
3. 2006 年 6 月に改正された公益通報者保護法の具体的な内容について調べよう。

まとめ

◎第 1 に，内部告発は，和の文化との衝突，パブリックイメージの損傷などの否定的な側面がある中で，日本の社会では組織内の不正を是正する手段として着実に定着している。

◎第 2 に，内部告発を実行する際に道徳的に考慮すべきものには，文化的要因・個人的要因・状況的要因がある。

◎第 3 に，組織の中の人間が内部告発を行う理由と条件を明らかにするものとして，計画的行動理論モデルがある。エイジェンによって考案された同モデルによれば，個人が内部告発する際には，行動への態度，主観的規範，コントロール感などが影響を及ぼすという。

【注】

1 ）米国のエドワード・スノーデン事件については，以下の書物を参照せよ。
　　グレン・グリーンウォルド著・田口俊樹・濱野大道・武藤陽生訳『暴露：スノーデンが私に託したファイル』新潮社，2014 年。
　　韓国サムスングループの贈賄暴露事件については，Kim, Namil（2008），"Analysis on TV News Frame on Whistle-Blower: Focused on News Coverages on 'Kim Yong Chul' Claiming Samsung Group's Slush Fund", *Korean Journal of communication and information*, 2008, vol.43, no.3, pp.117-151. を参照せよ。
　　そして，護衛艦「たちかぜ」いじめ自殺事件の詳細については，大島千佳・NNN ドキュメント取材班『自衛隊の闇：護衛艦「たちかぜ」いじめ自殺事件の真実を追って』河出書房新社，2016 年を参照せよ。
2 ）共同ピーアール「内部告発に関する意識調査」2013 年 2 月 4 日施行。（https://www.

kyodo-pr.co.jp/news/2013/20130214.pdf）2023 年 4 月 11 日閲覧。

3 ）『日本経済新聞』電子版，2020 年 10 月 28 日付（https://www.nikkei.com/article/DGX
MZO66778000Y0A121C2EA5000/）2023 年 4 月 5 日閲覧。

4 ）公益通報者保護法については，政府法令検索サイトの e-Gov（https://elaws.e-gov.go.jp）
2023 年 4 月 14 日閲覧）を参照せよ。

5 ）東洋経済新報社編集部「内部通報数が多い企業」『東洋経済』東洋経済新聞社，2022 年
1 月 30 日（https://toyokeizai.net/articles/-/504896　2023 年 4 月 7 日閲覧。）

6 ）「ニューヨーク時事」（https://www.jiji.com/jc/article?k=2023050600197&g=int　2023 年
4 月 5 日閲覧）。

【参考文献】

大島千佳・NNN ドキュメント取材班『自衛隊の闇：護衛艦「たちかぜ」いじめ自殺事件の
真実を追って』河出書房新社，2016 年。

柏葉武秀「『内部告発』は研究者の義務なのか」『応用倫理』北海道大学，第 1 巻，2009 年，
31-42 ページ。

グレン・グリーンウォルド著，田口俊樹・濱野大道・武藤陽生訳『暴露：スノーデンが私に
託したファイル』新潮社，2014 年。

出見世信之『企業倫理入門』同文館出版，2004 年。

浜田正晴『オリンパスの闇と闘い続けて』光文社，2012 年。

増渕隆史「道徳的義務としての内部告発とその限界」『哲学』北海道大学哲学会，41 号，
2005 年，79-101 ページ。

リチャード・T・ディジョージ著・麗澤大学ビジネス・エシックス研究会訳『ビジネス・エ
シックス』明石書店，1995 年。

Ajzen, I. (1991), "The Theory of Planned Behavior", *Organizational Behavior and Human
Decision Processes*, Vol.50, Issue 2, pp.179-211.

Ajzen, I. (2006), "Constructing a Theory of Planned Behavior Questionnaire", from http://
people.umass.edu/~aizen/pdf/tpb.measurement.pdf,, pp.1-12.

De George, R. T. (1995), "Social Philosophy Today", *The Social Power of Ideas*, Vol.11,
pp.91-111.

Donaldson, T. and Dunfee, T. W. (1995), *Ties that Bind: A Social Contracts Approach to
Business Ethics*, Harvard Business School Press.

Dungan, James and Waytz, A. and Young, L. (2015), "The psychology of whistleblowing",

Current Opinion in Psychology, Vol.6, pp.129-133.

Graham, J., Nosek, B. A., Haidt, J., Iyer, R., Koleva, S., Ditto, P. H. (2011), "Mapping the moral domain", *J Pers Soc Psychol*, Vol.101, pp.366-385.

Waytz, A., Dungan, J., Young, L. (2013), "The whistleblower's dilemma and the fairness – loyalty tradeoff", *J Exp Soc Psychol*, Vol.49, pp.1027-1033.

第8章　コーポレートガバナンスと企業倫理

学習目標

1. コーポレートガバナンスの意義について触れる。
2. 日米欧のコーポレートガバナンスの比較をする。
3. 近年の日本のコーポレートガバナンスの改革について取り上げる。

第1節　コーポレートガバナンスの意義

　企業経営をめぐって「そもそも企業は誰のものなのか」という根源的な問いがある。1990年代以後，グローバル化や情報化に代表される企業を取り巻く経営環境の変化はその激しさを増している。特に，アングロサクソン型経営を標榜する米国主導のグローバル化の動向は，ヒト・モノ・金・情報という経営資源の自由な移動を加速させている。例えば，外国人の株式保有比率だけみても，2023年3月現在，中外製薬（74.80%），日産自動車（62.40%），ソニーG（57.40%），オリンパス（51.1%），パナソニック（33.49%），トヨタ自動車（18.16%）など日本を代表する企業に外国人の資本が多く参入していることはもう珍しい事態ではない。さらに，東京証券取引所が発表したデータによれば，外国人保有比率が高い業種は，精密機械（44.6%），電機（41.0%），医薬品（40.1%），機械（35.4%），保険（34.0%），化学（32.8%）という順で高い割合を占めていることがわかった[1]。このような動向は，多国籍企業に継続的な資本増殖の機会を与えることになり，外国人に増収増益をもたらす。

　このような動向の中，コーポレートガバナンスと関連する企業不祥事が後を絶たない。2000年以後発生した代表的な不祥事は，日本を代表する大企業であるオリンパス（不正会計と内部通報揉み消し），東芝（不正会計），みずほ銀行（暴力団への融資），三菱自動車（リコール隠しと燃費改ざん）などトップマネジメントの

意思決定と関連し，再発防止のための社会からの要請は収まる気配がない。これらの不祥事事件の発生は，事件を引き起こした当該企業はもちろん，日本企業全体のパブリックイメージを悪化させ，社会全体からより一層の厳格な規制を要求される結果となっている。

　一方，バブル経済崩壊後に生じた日本企業の所有構造の変化に起因する会社機関の動向にも目が離せない。「従業員至上主義」といわれ，日本において従来，企業概念上，中心的なステークホルダーであった従業員の位置づけにも変化が訪れている。定期的な賃金上昇や福利厚生を含む彼らへの手厚い優遇体制は揺らいでいるといっても過言ではない。「失われた30年」に伴う，従業員の所得増加の停滞は，外国人株主からの強力な配当要求や内部留保政策の堅持と無縁ではないとされている。当然，これらの動向は，コーポレートガバナンス問題と深く関連しているといえよう。

1　コーポレートガバナンスとは

　近年，コーポレートガバナンス問題に関連するさまざまな事件・事故は，日本国内だけでなく全世界的な課題として注目を集めている。しかし，このコーポレートガバナンス論が一定の学問領域として定着した歴史は浅い。一般的にコーポレートガバナンスは，「国を統治する」ガバナンス（governance）の概念を「株式会社に援用したもの」（corporate governance）と理解されている。これは「個別企業内部における発現の場を株式会社における経営の最高統括単位としての会社機関のうちに有する。その会社機関は，いうまでもなく，株主総会，取締役会，業務執行担当常勤役員群という三つの会社機関の3者により構成される。これらの3機関の間の相互作用は構成員選任の制度的経緯により，後者の2者がそれぞれ責任を負わねばならないことが究極的な基礎となっている」という（中村，2003）。しかし，この株式会社については，日本において2006年の会社法施行によって1円でも設立できるように改訂されているため，中小大規模の企業を含むあらゆる企業がその議論の対象となる。このような混乱を避けるため，ここでは証券取引所に登録されている上場企業（listed company）に限定してコーポレートガバナンスについての議論を進める。

　1929 年の世界大恐慌後に制定された金融証券取引法と独占禁止法をコーポレートガバナンスの前史とするならば，国全体の観点から企業内部のコーポレートガバナンス体制作りに取り組み始めたのは 1960 年代から 1970 年代までの間の時期として広く認識されている。まず，連邦政府の規制として始まった重要情報の開示，虚偽記載の禁止などを特徴とした 1933 年の証券取引法の改正と，SEC（Securities and Exchange Commission, 米国証券取引委員会）の発足，年次報告書と四半期報告書の提出の義務付けが主な内容として含まれていた 1934 年の証券取引法の改正が見られる。1929 年に発生した大恐慌を契機に，投資家保護などの面において今日の制度的措置の基盤が整ったといえる。同時期に特に注目するのは，州ごとに各々定められていた企業活動への規制の範囲が連邦政府の次元にまで引き上がったからである。

　先述したように，「企業は誰のものなのか」という問いは，現代企業の最も重要な課題の 1 つである。16 世紀に開発された株式会社制度の登場以後，現代社会は長い間，株式会社の制度的発展と改革を繰り返した。その結果，数多くの経済主体が経済的な恩恵を享受している。

　まず「コーポレートガバナンスとは何か」という問いから検討する。'corporate' とは 'corporation'（株式会社）の形容詞であり，語源の意味は「株式会社の」である。企業を表す英語表現には，business, firm, enterprise, company, corporation などがある。'corporation' という表現が指す具体的な対象は実際に世の中にあるあらゆる企業になるが，ここでは社会への影響力の大きさ故に「上場大企業」に限定して議論を進める。

　次に，'governance' は一般的に「統治」と訳される。ガバナンスという用語は，政治学や行政学で主に用いられる概念であったが，徐々に経済学，経営学にもその概念が援用されるようになっている。ここでガバナンス概念の重要性が問われる事例を取り上げることにしよう。「コロナウィルスのパンデミックの状況がますます深刻になっている。この緊急事案をどのように解決するか」。日本には 1 億 2 千万人以上が生活している。そうなると，現実問題として「誰がこの問題解決策を決め，それを全国民に，どのように伝えるか」という課題が生じる。「どこに集まって，どのように議論して，どのように問題解決策を決め

るか」という課題をめぐって混乱が生じる。このような課題を解決するために生まれた政治制度が議院内閣制であろう。都道府県別に選挙で代表者を選び，国会に送る。国会に集まった議員たちの中から，日本を代表する総理大臣を選出する。このような方法で日本は立法・行政・司法に関連する体制を作り上げてきた。これらのガバナンスシステムを運営することによって，日本内外で発生する多くの政治問題を解決することになる。

　つまり，コーポレートガバナンスの文字通りの意味は「株式会社の統治」と解釈できる。では国を統治するガバナンスの概念を，経営学または経済学の分野ではどのように援用したのか。この考え方は，現代の株式会社の特徴を探ることによって確認できる。要するに，国の統治概念は現代の巨大上場企業を運用する原則にも当てはまる。なぜなら，現代企業の多くは数多くの株主で構成されている。これはいわゆる「株式の分散化」の現象である。日本の多国籍企業には実に多くの株主集団がいる。トヨタ自動車の場合，70万人程度の株主がおり，しかも多様な国籍を有する外国人も株主として各々の正当な権利を主張できる。

　また，コーポレートガバナンスの類型は，国や地域によって異なる。図表8－1が示しているように，この類型は，英米型，欧州型，日本型に大別される（吉森，1996）。コーポレートガバナンスの類型を規定するキーワードとして，企業概念がある。ここでいう企業概念とは「企業のいかなる利害関係者が利益の

図表8－1　コーポレートガバナンスの類型

区　分	企業概念	利益の主体
英　米　型	一元的企業概念	株主利益中心（主に機関投資家）
欧州大陸型	二元的企業概念	株主利益と同時に従業員の利益も考慮
日　本　型	多元的企業概念	従業員とその他の利害関係者の利益にも配慮

出所：吉森（1996），31ページ。

配分に対して最大の優先権を得るのか」という問いへの答えである。吉森によれば，コーポレートガバナンスの類型は，「中心的な利害関係者」が誰なのかによって企業概念が規定されるという。各々の中心的な利害関係者は，英米型では株主（主に機関投資家），欧州大陸型では株主と従業員，そして日本型では従業員を中心としたステークホルダー全体となる。

　コーポレートガバナンス先進国といわれる米国において，株主利益を中心とした企業経営になったきっかけの事件に，フォード・モーター社のヘンリー・フォードとホレス・ダッジ兄弟との裁判がある。彼らの企業方針をめぐる対立は結局，裁判でダッジ兄弟が勝訴する形になった。この事件に関する解釈は実にさまざまであるが，コーポレートガバナンスと関連する内容だけで整理すると，企業と従業員の共栄を目標として掲げたフォード・モーターと，株主の権利として特別配当を要求したダッジ兄弟の利害の対立に集約できる。ダッジ兄弟の主張によれば，当時フォード・モーター社は莫大な利益を上げ，株主に対して多額の配当をする資金的な余裕があったにも関わらず，新たな工場建設という名目で配当を制限していたという。興味深いのは，当時，所有比率の面においてフォード・モーター社の大株主は創業者であるヘンリー・フォードであるのに対し，ダッジ兄弟は少数株主であったという事実である。要するに，ダッジ兄弟はヘンリー・フォードが大株主の地位を利用し，株主の本来の権利として当然受けるべき配当に制限をかけたという主張であった。裁判の末，ミシガン州最高裁判所は，ダッジ兄弟の訴えに対し，特別配当を払うようフォード・モーター社に命じる判決を下した。この判決は，現在の米国のコーポレートガバナンスを特徴づけるもの，すなわち企業経営の目的は株主利益の最大化が原則であることを裏付ける重要な事件として知られている。

2　コーポレートガバナンス問題

　経済学分野で取り上げられる古くて重要な概念となっているエージェンシーコストは，プリンシパル（principal，依頼人）である株主と，エージェンシー（agency，代理人）である経営者との間に発生する費用のことをいう。この費用は，エージェンシーである経営者がプリンシパルの意向通りに行動しない際に

生じる対立，すなわちエージェンシー問題から発生する。したがって，所有と経営が分離していない企業の場合，経営能力がない株主たちの代わりに経営全般を遂行する人を立てなくても済むため，エージェンシーコストは発生しないことになる。

　会社法で定められている会社機関は，これらのエージェンシー問題を解決するために，法律で規定している最小限の装置である。しかし，現実には会社経営をめぐって発生するさまざまな理由のために会社機関本来の機能が不全に陥ったり，部分的にしか運用できなくなったりする状態になる。必要最小限の規制を原則にしている法律で，時々刻々と変化している経営環境へ対応するには，不備が生じる可能性が大である。さらに国会での審議期間が一定以上であること，法案の内容によっては政党間の利害関係が生じて決着までに時間を要することなども考慮しなければならない。

3　株主資本主義から利害関係者資本主義への動向

　コーポレートガバナンス問題の中心的なテーマである「企業は誰のものなのか」という問いは，米国において実際に株主資本主義と利害関係者資本主義が混在するような形態で展開されてきたと考えられる（出見世，2003）。

　先述したように，前者の株主資本主義は米国企業社会において未だに根強いものとして認識されている。

　しかし，1990 年代以降，この考え方とは異なる動向が見られる。1989 年のインディアナ州法，1990 年のペンシルバニア州法の改正を皮切りに，株主のような特定の利害関係者のみの利益のために取締役会が働くような義務条項が削除される傾向もみられている（高橋，1995）。

　一方，株主資本主義への批判の根拠として，州政府が有する企業に対する規制力が株主へと移行する過程で縮小してしまったという指摘もしばしば見られる。すなわち，米国建国時に州政府が独占していた「特許法人」（chartered corporations）への営業許可書の交付・更新の権限が，1811 年に採択されたニューヨーク州の準則主義という運用方針の策定を皮切りに株主へと移行したという（水村，2008）。ここでいう準則主義とは，法律に一定の要件を設け，その要件を

満たすものは官庁の許可や認可を得ずに，一定の手続きを行えば設立が認定されるものを意味する。すなわち，本来，州政府が持つべき企業への営業許可・更新権限が，当時の弁護士がイニシアチブをとって推進した規制緩和というプロセスを通して究極的に低下してしまったことを意味する。したがって，建国当時の本来の姿に戻すべきであるという主張が説得力を得ている（水村，2009）。

　さらに，1980年代以降，景気活性化の手段として有効に活用されていたM&Aを行う際に，主に「企業価値」を重視した政策を展開した結果，株主以外の利害関係者の損失補填問題が批判の的となった。これは結果的に，過度な株主資本主義への移行がもたらした弊害であった。特に，不採算部門の処理に伴う従業員の解雇問題や工場閉鎖による地域社会への経済的打撃は，今やグローバルな次元で解決しなければならない深刻な課題の1つとなっている。さらに，ストックオプションに見られるような業績と連動する経営者報酬体系は，短期利益のみを追求する傾向を生み出し，粉飾会計を助長したり，持続的発展の基盤の1つとなりうる利害関係者への投資を妨げたりするような結果をもたらした。

　一方，宮坂（2005）は，企業経営に重要な影響力を行使しているステークホルダーに対し，単にマネジメントする次元で留まるのではなく，一歩進んで①企業の存在する目的がステークホルダーのためであり，②経営者がエージェントとしてステークホルダーの利益のために働かなければならないという「ステークホルダーの受託責任」が問われるべきであると主張している。米国では経営者支配の問題がもたらした結果として，1990年代に株主行動主義（stockholder activism）が台頭し，さらにそれが2001年12月に破綻したエンロンやワールドコム事件を契機に「ステークホルダー行動主義（stakeholder activism）」に移行したと主張している。

　前者の株主行動主義とは，従来まで株式分散化によって株主総会への参加に消極的であった株主が，書面投票や株主総会への出席などを通して経営者行動の監視に積極的に転じたことを意味する。すなわち，従来の株主が企業経営に不満を持っている場合に，株を売却して意思表明をする「ウォールストリート・ルール（wall street rule）」に基づいて行動したことからの転換を意味する。具体

的には，カルパース（米国公務員年金基金）のような機関投資家が株主総会に積極的に参加し，株主の利益に反する意思決定を行う経営者に対して彼らの持分に該当する議決権を行使して明確に反対の意思表明を行うケースである。

　これに対し，今後，多くの国へ大きな影響を及ぼすであろう「ステークホルダー行動主義（stakeholder activism）」とは，「ステークホルダーが当事者としての自覚を持って積極的に発言し行動することであり，そこには株主をもステークホルダーの 1 人として位置づけ，ステークホルダーズのパワーで企業を統治しようとする考えが込められている。」（宮坂，2005）。

　近年，米国では新自由主義の経済政策により，経済の活性化・株価上昇などの効果が見られる反面，所得・賃金の格差などの社会的な問題も発生している（林，2022）。このような動向は株主至上主義への批判をもたらし，株主に対して地球温暖化や人権問題により一層の関心を促すような方向に向かわせている。これらの動向と関連するものとしては，①ブラックロックの CEO レター，②エリザベス・ウォーレン上院議員の主張，③ビジネス・ラウンドテーブルの声明などがある。ここでは米国主要企業の経営者により構成される組織であるビジネス・ラウンドテーブル（以下，BRT）の声明の詳細について触れる。同組織は2019 年に「企業の目的に関する声明（Statement on the Purpose of a Corporation）」を発表した。これを通して，彼らは企業の目的を「株主至上主義」から「ステークホルダー至上主義」へと変更することを対外的に標榜した。1981 年の声明では企業目的はステークホルダー至上主義であるべきことを発表したが，その後の 1997 年には株主至上主義に回帰する動きがあったという。その背景として，同組織に対する株主から経営者への強力なプレッシャーが主な原因があった。

　しかし，2019 年の声明は株主の利益を軽視するようなものではなく，株主の長期的な利益追求を大前提にした，顧客への価値提供，従業員の能力開発，サプライヤーとの公平で倫理的な関係構築，地域社会への貢献などステークホルダー全体の利益のバランスを考慮した内容が含まれている。同声明には，181 人の CEO からのサインが入っており，公表後さまざまなステークホルダーから肯定的な反響があったといわれている。一方で，同声明に対しては，米国の機関

投資家団体を代表する米国機関投資家協議会（Council of Institutional Investors）からの批判もあった。すなわち、「株主の長期的な利益のためにステークホルダーを尊重する姿勢は認めるものの、経営者の役割は株主の利益を第一にすることである」という姿勢を崩してはいなかった。このように今後の展開に対する世間の目は決して緩んでいないことを裏付けている。

第2節　日本企業の所有構造

　「企業は誰のものなのか」という問いに対し、日本の会社法に規定されている答えは「株主のもの」であるという基本的な考え方がある。ではこの法律的な根拠を元にするならば、「日本企業を所有している主体は誰なのか」について明らかにする必要がある。日本の財閥企業は、戦後間もない時期に経済民主化を掲げていた GHQ（General Headquarters of the Supreme Commander for the Allied Powers, 連合国総司令部）の指針に従って、当時、財閥企業の保有する株式を金融市場に強制売却させることになった。この政策の狙いは、財閥企業へ過度に経済力が集中することを未然に防止することであった。売却された多くの株式の受け手となったのが日本の個人株主であった。しかし、売買差益を追求する個人株主の保有株式は時間の経過とともに、徐々に戦前まで取引していた銀行や系列会社に買収されることになった。当時、日本の金融市場における外国からの乗っ取り防止のため、苦肉の策としてとられたのがメインバンクや系列会社による株式の相互持合いであった。この政策は「安定株主政策」と呼ばれ、1990年代後半のバブル経済が崩壊するまで長い年月にわたって続けられていた。この安定株主政策は、6大企業集団などに代表される安定的で長期間の企業間関係の構築、メインバンクによる安定的な資金調達、優秀人材確保、長期的な視野での R&D 投資などを可能にするような肯定的な成果も見られた。しかし、長期間にわたって持続したこの体制は、無能な経営者のエントレンチメント（保身）の助長、金融機関の高い株式保有による過剰投資の促進、画一的な企業文化の助長など企業経営に悪影響をもたらす結果となった。

　バブル経済の崩壊後、金融機関には現実問題としてそれまでの安定株主政策

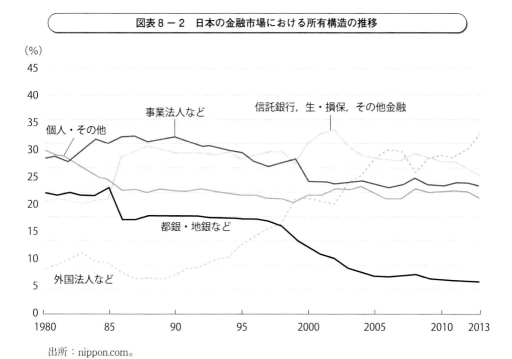

図表 8 － 2　日本の金融市場における所有構造の推移

出所：nippon.com。

　の維持を困難にさせる経営環境が生まれた。すなわち，国際会計基準導入の圧力，時価会計，BIS 基準の厳格な適用などは，それまで系列会社と維持してきた株式相互持合い体制を揺るがし，グループ会社や系列会社との間で長期にわたって保有していた大量の株式を金融市場に売却せざるを得なかった。

　このような事態は，外国人株主が日本の金融市場へ参入することを可能にした。図表 8 － 2 は，日本企業の所有構造の推移を表している。同図表が示しているように，1990 年代後半までにグループ企業であった金融機関（メインバンクなど），事業会社（系列）によって 50％以上保有されていた日本企業の株式は，それ以後には外国人がその受け皿になっていることがわかる。これらの動向は，最高意思決定機関である株主総会に新たな変化を起こし，「シャンシャン総会」といわれるほど形骸化していた株主総会が，活発な議論による総会所要時間の増加，経営能力の不足している経営者の再任否決，敵対的買収防止策へ

の反対など会社機関として本来あるべき姿に戻りつつある面も見られている。

　しかし，業績悪化が続く日本企業に対し，個人株主や外国人株主への配当性向の高さ故に，企業概念の中心的な役割を果たしてきた従業員の給与が30年以上上昇しない結果をもたらすなどの問題点もしばしば指摘されている。もちろん，それらの原因以外にR&Dなど本来投資すべき経営資源確保に目を向けず，高い内部留保率を維持する経営方針も看過できない。

第3節　日本企業のコーポレートガバナンス

1　日本の多元的企業概念

　日本企業のコーポレートガバナンスは，図表8－1が示しているように，従業員を中心として多元的企業概念を有している。先述したように，日本の多元的企業概念は，一元的企業概念の英米型，二元的企業概念の欧州大陸型と対比されている。この背景については，明治時代からの私企業正当化の理念をベースにしている点，そして第二次世界大戦後にGHQによって行われた財閥解体と経営者追放がその根底にあるという（菊池・平田，2000）。このようなGHQの政策は，「大企業における広範囲な既存権力の崩壊と資産の再配分は，同じ敗戦国の西ドイツでも実現されず，近代の世界の経済史の中でも稀にみる大変革であった」という評価を受けている。その大変革後，結果的に専門的な経営者と従業員間の経済的，社会的距離をなくし，同族経営の多い国であるドイツやフランスに見られない従業員中心の多元的企業概念が日本企業に定着したという。

　さらに，多元的企業概念について，伊丹（1987）は欧米の「株主主権説」と比較するものとして「従業員主権説」を主張している。その根拠として，従業員は企業経営における重要な意思決定を行い，経済的成果に対する配分も優先的に得る権利を有しているからであるという。従業員の頂点に立つ人物が経営者に就任するなど従業員が実質的に社長を選任したり，経営者として従業員が選任される権利を有していることは，日本の「従業員主権説」をバックアップする。したがって，米国にしばしば見られる経営者市場の形成は，経営全体が危機的な状況に陥る場合以外は日本には当てはまらないといえる。「従業員の

頂点が経営者」であるため，本来，会社法で明記されている株主の利益が最優先されることは日本では現実的に当てはまらなかった。特に，株主の配当を犠牲にしても従業員の雇用確保を優先する傾向，外部からの敵対的買収に対して労使が共同で対応する政策などによく見られていた。しかし，多元的企業概念に対する法律的な規定は定まっていないため，「経営者の株主利益最大化のための義務」を規定する会社法や商法と，現実の運用との乖離は厳然たる事実として残っている。

2　日本企業のコーポレートガバナンス

　2022 年現在，東京証券取引所が公表した報告書によれば，日本企業の形態は，監査役会設置会社（60.7%），指名委員会等設置会社（36.9%），監査等委員会設置会社（2.3%）という割合であることが明らかにされている[2]。この結果は，社外独立取締役の設置に対する企業側の反感が強いことに他ならない。従来型に近い形態である監査役会設置会社数が減少しているのに対し，日本の従来型と米国型の折衷案である監査等委員会設置会社が増加する傾向を見せている。この動向については，日本人経営者が英米型企業概念を選好する外国人株主へ配慮する政策的方針という意味合いとして解釈されている。

　未だに高い比率を占めている監査役会設置会社は，戦後「経営の近代化」ををなすものとして，1930 年代の米国企業が確立した 'executive committee' を模倣したものとして設置されたことが知られている。しかし，実際に発生するさまざまな問題への解決策として新たな意思決定機構の整備が必要であった。植村（1993）によれば，最初は米国の 'executive committee' を模倣し，日本の企業組織に取り入れる目的で導入したが，非常勤を含めた全体としての意思決定機関として取締役会が本来の機能を果たさなかったという。このような経緯から，常務会が取締役会への助言・勧告をする機構としての役割を果たしたという。その後，この常務会は，社長直属の補佐機関として役割が変わっていた。しかし，実質的には社長独断の意思決定は許容せず，協議を前提にしていたため，意思決定に対する一定のコントロール装置はあったといえよう。ただし，この法的実効性のない常務会という組織の問題は，高度成長期には浮き彫

図表 8 - 3　日本の会社機関の特徴とその問題点

会社機関	本来の役割	日本企業の問題点
株主総会	定款の変更や解散・合併といった基本的な事項，決算の承認，重要財産の処分，取締役と監査役の選任・解任	十分な議論がない総会時間，取締役と監査役の選任が公正ではない問題
取締役会	経営方針決定，代表取締役の選任，会社の重要事項の推進	業務執行と監視機能の未分離，独立した社外取締役が少数，取締役の人数の多さによる意思決定のプロセスの複雑化とスピードの問題など
監査役会	取締役会と代表取締役に対する業務監査及び会計監査	内部昇進者の人事権を代表取締役が掌握する点。社内役員の序列が低いため独立した監査が不十分な点
代表取締役	取締役会で決まった経営方針の推進と説明責任の義務，対外的な儀式の実行	代表取締役の権限が極めて強い点，常務会の中の責任の不明確化の問題

出所：筆者作成。

りにならなかった。しかし，バブル経済崩壊後に見られた長年の業績悪化が責任問題へと発展し，企業不祥事への組織的関与および組織的隠蔽が明るみに出る主要な原因にもなっていた。

　2023 年 8 月現在で日本取締役協会が発表したデータによれば，日本企業の取締役数（東証 1 部 / 東証プライム）は 16,673 名であり，1 社あたり取締役数の平均人数は 9.1 人（そのうち，独立社外取締役数は 3.9 人）であることがわかった [3]。これは今まで問題とされてきた大規模な取締役会，社外取締役の少なさ，社外取締役の独立性の欠如，代表取締役の権力の強さ，監査役会の無機能化などに一定以上の制度的進展が見られていることを裏付けている。

第 4 節　コーポレートガバナンス改革

　バブル経済崩壊後，グローバル化の進展など急激な経営環境を経験してきた日本企業は，新たな経営環境の変化への対応に迫られている。オリンパス，東芝，日産自動車など 1990 年代以後，日本を代表する企業において発生している企業不祥事が後を絶たない。

　これらの企業不祥事の主な原因としてしばしば指摘されている要因に，会社機関の無機能化がある。会社機関の形骸化の問題を改善する制度的な改革をいかに進めるかは，学界，政治界，経済界の共通の課題でもある。近年注目されている会社機関が無機能化する諸問題は以下のように集約できる。

　まず，株主総会の運営をめぐるさまざまな課題である。この問題は，企業運営の最高意思決定機関としての役割と関連する。長年，安定株主政策を採用してきた日本企業では本来果たすべき役割が見られていなかった。特に，株主総会が株主の権利保護のための議論の場として，その本来の機能を果たしていない。

　日本の株式会社におけるコーポレートガバナンス改革は，経営者に対する監視方式をいかにするかにかかっている。この監視方式は，外部監視（external control）と内部監視（internal control）に大別される（吉森，2001）。前者の外部監視とは企業と特定の利害関係にない外部主体による監視方式である。主に，会社監査人，商品市場，証券市場，金融市場，経営者市場，報道機関，政府機関，世論などがある。これに対し，内部監視とは，企業内部の利害関係者による監視方式である。これには，株主総会，取締役会，主力銀行（メインバンク），機関投資家，労働組合，管理者・従業員，監査役などがある。

1　株主総会の変化

　先述したように，バブル経済崩壊後，時価会計，国際会計基準導入の圧力などの要因によって，日本企業の株式保有比率は，メインバンクと系列会社（事業会社）の所有比率が減少し，外国人株主の所有比率が増加することになった。こ

のような日本企業の所有比率の変化は，従来「シャンシャン総会」などの表現でたとえられたように，個人株主が企業経営に無関心になる結果をもたらした。実際，高度成長期に順調に企業業績をあげていた日本企業の経営者に対して個人株主は厚い信頼を寄せていた。さらに，経営者の主たる経営目的は，高い売上成長率，マーケットシェアの拡大，新製品や新事業の開発であった。いうまでもなく，企業間の株式相互持合いの長期間の持続により，低い配当率にも関わらず株価上昇による高い株式収益率を実現できたといえよう。

　図表 8 － 3 は，東京証券取引所が集計をとっていた 1983 年以後の定期株主総会の集中日における集中率の推移を示したものである。安定株主比率が最も高かった 1995 年の 96.2% をピークに，徐々に低下している傾向を見せている。これは特定の日に株主総会の開催日を合わせることにより，総会屋からの妨害を避けるという経営者の口実もあるが，結果的に最高意思決定機関として株主と経営者が議論する唯一の場を奪う結果となっていたことは否めない。さらに，

図表 8 － 3　定期株主総会の集中日における集中率の推移

出所：第一生命経済研究所（https://www.dlri.co.jp/report/ld/189027.html），2023 年 9 月 5 日に閲覧。

株主総会に参加しやすい工夫として取り入れているバーチャル型総会の存在も，経済民主化のための大きな進展として見られている。

2　社外取締役の設置義務化

　社外取締役設置義務化の動きは，2002 年の商法改正，2014 年の会社法改正によって推進された。先述したように，日本では現在，①監査役会設置会社，②指名委員会等設置会社，③監査等委員会設置会社という 3 つの株式会社の形態が存在している。②と③の形態については，その会社組織を設置する場合，社外取締役の設置が義務化されている。しかし，①については，2021 年 3 月 1 日に改定された会社法規定（会社法 327 条の 2）により，2 名以上の社外取締役の設置が促された。これはイギリスのスチュワードシップ・コードに範をとったものであり，社外取締役の設置に対して「ルールに従え，さもなければ設置しない理由を説明しなさい」（comply or explain）という規定を意味している。

　実際，この規定は，厳密な意味では法律で義務化されたものではないが，「実質上の義務化」の色彩が強いと考えられている。さらに，有価証券報告書の提出の義務を負う公開・大企業の監査役会設置会社の場合は，「社外取締役を置くことが相当でない理由」を定期株主総会で説明しなければならない。そして同会社では監査役の人数は 3 人以上で，その過半数が社外監査役でなければならない（会社法第 335 条第 3 項）。

　2 名以上の独立社外取締役を選任する上場企業の比率については，東京証券取引所が 2022 年 8 月 3 日に公表した結果によれば，監査役会設置会社における社外取締役の選任比率は，それぞれプライム市場が 99.2%，スタンダード市場が 76.4%，そしてグロース市場 59.5% であることが明らかになっている [4]。2017 年 9 月 6 日時点で東京証券取引所が発表した「社外取締役を置くことが相当でない理由」については，「責任者不在」，「迅速かつ的確な経営の阻害」，「社外取締役がいなくても現状のガバナンスで十分」という項目が最も多かった。

3　コーポレートガバナンス・コード

　コーポレートガバナンス・コードをめぐる大きな動向は，機関投資家と企業との間の効果的な対話を促す 2018 年 6 月の改定と，東証新市場区分を従来の 5 つから 3 つに変更することによる対話ガイドラインの明確化が行われた 2021 年 6 月の再改定がある。

　同コードは，「株主の権利・平等性の確保」，「株主以外のステークホルダーとの適切な協働」，「適切な情報開示と透明性の確保」，「取締役会等の責務」および「株主との対話」という 5 つの章から構成されている。日本版の特徴としては，「株主以外のステークホルダーとの適切な協働」についての規定があることである。

4　スチュワードシップ・コード

　2014 年に公表され，2017 年 5 月に改定，2020 年 5 月に再改定されたスチュワードシップ・コードは，主に機関投資家のスチュワードシップ責任を問うものとして策定された。本来，イギリスが 2010 年にスチュワードシップ・コード (The UK Stewardship Code) を策定した。2014 年に金融庁が日本の諸事情に合わせて修正を加えたものが，イギリスのものと区別する意味でしばしば「日本版スチュワードシップ・コード」といわれている。

　ここでいうスチュワードシップとは，本来イギリスなどのヨーロッパで貴族などの大邸宅や財産を管理したり，子供の教育を担当したりする者（steward, 執事）が果たすべき責任を意味していた。近年では機関投資家に対する受託者責任を果たすための行動原則という意味合いに変わった。主に議決権の行使結果を個別投資先企業および議案ごとに公表することが義務化されている。

　要するに，これは過去において投資家が投資先の企業の経営に不満を有する場合に行動で示した「ウォール・ストリート・ルール」から脱却し，当該企業の経営者に対してより積極的な対話を促すことを狙ったものである。金融庁の集計によれば，2023 年 6 月 30 日現在「責任ある機関投資家の諸原則」としてのスチュワードシップ・コードの受け入れ表明をした機関投資家は，信託銀行等 6 社，投信・投資顧問会社等 206 社，生命保険・損害保険会社 24 社，年金基金等

80 社，その他（機関投資家向けサービス提供者等）11 社であり，合計で 327 社という結果となっている[5]。

ケースで学ぶ　東芝不正会計事件

　『日本経済新聞』が 2023 年 3 月 28 日に報道した内容によれば，電機メーカーである東芝では，社長らが不適切な会計を行っており，外部監査や報告体制も不十分であることがわかった。同社では 2015 年に発覚した不正会計が問題となり，同社と株主が旧経営陣 15 人に対して損害賠償の責任を訴えた裁判が行われた。東京地裁では元社長ら 5 人に対し，不正会計問題に対する賠償責任を命じた。同判決により，インフラ工事の損失引当金について過少な会計処理が行われ，違法な処理に対する是正義務を怠ったことが認められた。

　さらに，これらの不正行為に対し，金融庁から金融商品取引法違反の罪で約 73 億 7 千万円の課徴金納付も命じられた。しかし，会社と株主によって要求された刑事責任は認められていなかった。現在も不正会計問題を巡る株価下落に対する民事訴訟は 20 件以上が係争中であり，同社への請求額は約 1,800 億円に上る。

話し合ってみよう！

1. 東芝と株主が旧社長 3 人を含む 5 人の旧経営陣に対し，提訴した内容について説明しなさい。
2. 今回の会計不正事件とコーポレートガバナンスとの関連性について明らかにしなさい。
3. 2011 年のオリンパス事件，2005 年のカネボウ事件と比較し，共通点と相違点について取り上げなさい。

まとめ

◎第 1 に，コーポレートガバナンス問題は，所有と経営が分離している上場大企業に発生しているものである。基本的に「企業は誰のものか」「誰が経営者を監視するのか」という根本的な問いへの答えである。

◎第 2 に，コーポレートガバナンスの形態は，地域や国によって異なるが，英

米型の一元的企業概念，欧州大陸型の二元的企業概念，日本の多元的企業概念に大別される。

◎第3に，日本企業はバブル経済崩壊後，所有構造の変化，国際会計の導入，会社機関をめぐる法制度改革などによって新たな変化が生じている。

【注】

1）「株式分布状況調査」(https://www.jpx.co.jp/markets/statistics-equities/examination/01. html)，2023年9月2日閲覧。

2）「東証株式会社コーポレートガバナンス白書　2023」(https://www.jpx.co.jp/equities/ listing/cg/tvdivq0000008jb0-att/cg27su0000004bk2.pdf)，2023年9月5日閲覧。

3）「東証株式会社コーポレートガバナンス白書　2023」(https://www.jpx.co.jp/equities/ listing/cg/tvdivq0000008jb0-att/cg27su0000004bk2.pdf)，2023年9月5日閲覧。

4）「東証上場会社における独立社外取締役の選任状況及び指名委員会・報酬委員会の設置状況」(https://www.jpx.co.jp/equities/listing/ind-executive/nlsgeu000005va0p-att/ nlsgeu000006jzi1.pdf)，2023年9月5日閲覧。

5）「スチュワードシップ・コードの受入れを表明した機関投資家のリストの公表について」(https://www.fsa.go.jp/singi/stewardship/list/20171225.html)，2023年9月5日閲覧。

参考文献

伊丹敬之『人本主義企業』筑摩書房，1987年。

菊澤研宗『比較コーポレート・ガバナンス論』有斐閣，2004年。

菊池敏夫・平田光弘編著『企業統治の国際比較』文眞堂，2000年。

高橋衛「アメリカにおける取締役の義務に関する近年の議論」『一橋論叢』第113巻第1号，1995年，102-119ページ。

出見世信之「アメリカの企業統治構造」佐久間信夫編『企業統治構造の国際比較』ミネルヴァ書房，2003年。

中村瑞穂『企業倫理と企業統治』文眞堂，2003年。

林順一『コーポレートガバナンスの歴史とサステナビリティ』文眞堂，2022年。

水村典弘『ビジネスと倫理』文眞堂，2008年。

水村典弘「アメリカのコーポレート・ガバナンスの特徴と課題」海道ノブチカ・風間信隆編著『コーポレート・ガバナンスと経営学』ミネルヴァ書房，2009年。

宮坂純一『ステイクホルダー行動主義と企業社会』晃洋書房，2005 年。

吉森賢『日本の経営・欧米の経営―比較経営への招待』放送大学教育振興会，1996 年。

吉森賢「企業概念―日米比較」菊池敏夫・平田光弘編著『企業統治の国際比較』文眞堂，
　　2000 年。

吉森賢『日米欧の企業経営―企業統治と経営者―』放送大学教育振興会，2001 年。

第9章　CSRと企業倫理

学習目標

1　CSRの意義について明らかにする。
2　経営戦略とCSRとの関係について取り上げる。
3　日本におけるSDGsの動向について検討する。

第1節　CSRの意義

　西洋においては「企業はどのような存在であり，何のために活動するのか」という問いへの答えとしてしばしば登場する表現が，'The business of business is business' であった。すなわち，「そもそも企業の本分は事業を行うことであり，それ以上でも以下でもない」という解釈であり，企業はあくまでも所有者である株主のために利潤追求を最大化することがその存在する本来の理由であるという。「企業とは何か，企業は誰のためにあるか」という問い（企業の存在意義）に対して「企業は株主の利益のためにのみ存在する組織」という伝統的な考え方が基本的な背景にある。これは企業に資金を投資したのが株主であるため，当然，当該企業の経営者たちは株主のためにのみ存在すべきであるという「正当性（legitimacy）」を根拠にした主張であり，日本社会の中でも根強い考え方である。

　アメリカの経済学者であるミルトン・フリードマンは，1980年代にこのような考えに基づいて企業が利益追求以外のことを手がけると，社会の資源配分が不効率となり，社会全体の厚生が低下するという主張を繰り広げている。実際に，彼が『ニューヨーク・タイムズ』に掲載したエッセイ「企業の社会的責任は利益を増大させることである」を通して，直接的に株主の利益にならない企業の社会的責任（Corporate Social Responsibility: 以下CSRとする）活動は単に株主

の利益を盗むことであり，巧みなPRにすぎないと，その遂行に当たっている経営者たちを激しく非難したことは有名である。さらにフリードマンは，企業の行うべき社会的責任は，マネジメントによって良い製品やサービスの提供に専念することであると主張した。当時，世の中の希少な資源を配分する主体として市場の役割を信奉していた新古典派経済学者の立場からは当然の主張であったかもしれない。

　CSRをめぐる議論は古くて新しい課題である。最初はバーリとミーンズの所有と経営の分離に端を発する論争があった。次に見られるのが米国において1960年代から70年代にかけて発生した消費者問題・環境問題・人種差別・経済と政治の癒着などの問題に触れた大企業経営者の権力行使問題がある。近年では，グローバル化や情報化，モノづくりルールの変化とともに生じている温暖化ガス問題，児童労働問題，労働環境問題などに代表される多国籍企業の諸権力の行使をいかにコントロールするかをめぐる論争が今日的課題であろう。

　このような動向の中で日本においては，2003年が「CSR元年」といわれるほどそれ以後，大企業を中心にCSRを企業内に取り込む体制が急激に増加している。例えば，トップ直結のCSR専属組織，CSR担当役員，CSR委員会，CSRレポートの発行などがその代表的な実績として評価されている。これらの動向は，日本企業の自主的な努力によって得られた成果というより，温室効果ガスや気候変動などへの積極的な取り組みをより強く促す国際的なプレッシャーに起因するものであるという評価が多い。このような動きの中で，CSRは実際に社会的責任投資（SRI）やESG，CSV，SDGsなどの形で進化しつつある。これらの動向は，研究領域，推進する主体，社会からの要請など複合的な要因が働くのが現状である。特に，2016年以後は，日本の国・自治体・企業という各々のレベルにおいてSDGsの取り組みが活発になっているため，その活動から目が離せない。日本を代表する企業であるトヨタ自動車・イオン・ユニクロ・日産自動車・パナソニックなどにおけるSDGsの取り組みは，外部の評価機関から高い評価を受けている。

　90年代以後，企業行動様式に急激な変化が見られている。特に，大規模でしかもグローバルな事業展開を行っている企業の代表的な例を取り上げると以下

のようである。開発途上国にある仕入先工場の労働条件を監視しているナイキ，フェア・トレードのラベルが付いているコーヒーを販売し，コーヒー生産農家に国際商品市場価格以上を保障しているスターバックス，人権侵害の懸念がある投資先から資金を回収したペプシコーラ，人体に害を与える家畜用の生育促進剤の使用を規制しているマクドナルドなどがある。これらの企業が有する共通点は，単に法律で定められている次元を超えて，社会や環境にも配慮した方針を策定し，実践している点，すなわち CSR 活動をグローバルな次元で繰り広げている点である。これらの動向は上述したフリードマン（Friedman, M.）の主張に反する行動，いわば株主の利益を犠牲にする可能性がある行動である。

　CSR とは何か。この定義に関しては，第 2 章でも取り上げたように，実に多様であり明確ではないといわれている。「企業活動のプロセスに社会的公正性や環境への配慮などを組み込み，利害関係者に対するアカウンタビリティを果たしていくこと。その結果，経済的・社会的・環境的パフォーマンスの向上を目指すこと」（谷本ら，2004）として広く認識されている。

　では「企業に問われる責任には何があるか」について検討する。キャロルら（Carroll, A. B., 1991）によれば，企業がとるべき責任は図表 9 - 1 が示しているように，法的・経済的・倫理的・社会貢献的責任があるという。これらの責任に

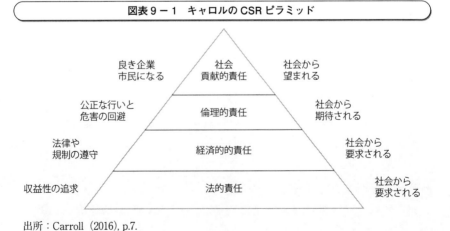

図表 9 - 1　キャロルの CSR ピラミッド

良き企業
市民になる　　　社会貢献的責任　　　社会から望まれる

公正な行いと
危害の回避　　　倫理的責任　　　社会から期待される

法律や
規制の遵守　　　経済的的責任　　　社会から要求される

収益性の追求　　　法的責任　　　社会から要求される

出所：Carroll（2016），p.7.

は，法的責任と経済的責任をとらないと刑事・民事責任が問われる「義務」に近い形態から，倫理的責任・社会貢献的責任は企業の「評判」（reputation）やパブリックイメージなどと直結し，それらが企業業績に「正」と「負」の影響を与えるものまである。これらの責任は CSR を構成する基本的な要素として認識されるが，相互排他的なものではなく，各要素間で並列的に扱うことを意図しているものでもない。要するに，CSR に関する基本的な考え方は，総体的にとらえるものであるという。

「企業は契約の束」といわれるほど，当該企業とさまざまな構成員（経済主体）との間に，契約を結ぶことによって権利と義務が発生する。例えば，当該企業と経営者との間に契約が締結されると，彼らには行使できる権利が授与されるとともに，一定期間内において果たすべき義務や責任が発生する。取締役，監査役，執行役などの役員が株主に対して果たさなければならない最も代表的なものに「受託責任（stewardship）」と「説明責任（accountability）」がある。前者は経営者が当該企業の投資者（株主など）や債権者（銀行など）に対して負う責任であり，株主に経営者たちが果たすべき責任を果たしていないと判断されると株主代表訴訟などの形で訴えられる可能性もある。近年ではこのような責任の重大さを理由に，役員昇進などをあえて避けて行動する社員が増えている。後者は，経営者が投資者や出資者に対して資金の使い途を説明する際に問われる責任のことをいう。

企業には，活動中に発生したあらゆる問題に対し，企業を取り巻くさまざまなステークホルダーに負うべき責任が発生する。その中で消費者・従業員・納入業者などの主要なステークホルダーに対して当該企業が果たすべき責任には，消費者保護法，労働法，下請法と関連する法的責任がある。しかし，発生する可能性のあるすべての状況を想定した法律の制定は不可能である。したがって，社会から批判される事件・事故が発生した後に，関連する法律を改訂するのが一般的な形である。今日のように，変化が激しい現代社会において生じるありとあらゆる諸問題に対して，国会などで制定される法律によって的確で迅速な対応をするのは不可能に近いのである。

では「現代企業に対してはなぜ，法律で定めた責任以外のもの，すなわち社

会的責任までもが問われるのか」。この問いに対しては，多くの経済学者や世界各国の会社法が明確にしている「株主利益の最大化」の盲点を追究する必要がある。高ら（2004）は，現代企業に経済的責任以外に社会的責任までが問われる根拠として，「法人」に対する責任追及の対象と範囲が最小限に限られていることを批判的に捉えている。現在の株式会社制度は，本来16世紀に登場した東インド会社の設立時に築き上げられたものとする。特にその制度は，出資者と管理者（経営者）の責任逃れのために設計されたものに他ならないという。本来，経営者と出資者（株主）に問うべき無限責任は，いつの間にか出資金額の範囲内に限定されるものとなった。典型的な事例が，1990年代後半からEUを中心にその重要性が問われている温室効果ガス減少のための動向である。CO_2の発生による外部性をコントロールするために，「誰が，いつ，どうやって解決するか」という現実的な課題は，地域や国家，個別企業における利害関係と直結し，その具体的な解決策の決定は「総論賛成，各論反対」の水準に留まっている。要するに，法律という枠組みの中で経営活動している当該企業の経営者たちは，企業の持ち主である株主利益最大化のために努力すること以外は関心を示さない傾向がある。逆に経営者たちは，自らの保身のために「企業が存続し，活動する場」に当たる社会自体が崩壊しても株主利益のために経営活動をするかもしれない。例えば，日本企業やドイツ企業との競争で業績悪化した1980年代の米国の経営者たちが，株主利益のために不採算部門を売却したり，短期的な成果を出すために従業員たちを必要な人員以上にリストラしたりしたことは記憶にも新しい。

　しかもすでに巨大化し，今後より一層の成長が見込まれる多国籍企業を現時点でコントロールする規制を制定し，時々刻々と変化する経営環境に合わせて俊敏に統制システムを再構築するのは不可能に近いのである。

　これらの問題を解決するために，高ら（2004）は，社会の中心的な構成員である市民の役割の重要性についても強調している。かつての個別企業に限定された社会的責任追及だけでなく，現代社会においては市民自らが社会的責任を追及する主体として自覚し，より積極的に監視活動に参加しなければならないという。市民が本来的に望んでいる「より安全で公正な社会」を実現するために

は，従来のように，マスコミによって報道された結果だけで短絡的に批判する
立場に留まるのではなく，「当該企業の日常の取り組み，公表に至るまでの対
応，再発防止に向けた姿勢までを含めた一連の『プロセス』を通して，事業者
を総合的に評価しなければならない」という。

第 2 節　日本における CSR の動向

　日本において 2003 年は「CSR 元年」ともいわれている。それ以後，日本社会
では，CSR を企業に取り込むべき重要なテーマとして認識している。先述した
ように，実際に 2003 年以後，CSR の推進体制整備，現状課題の顕在化，基本方
針策定，CSR レポートの作成と発行などの領域を中心に CSR に大きな進展が見

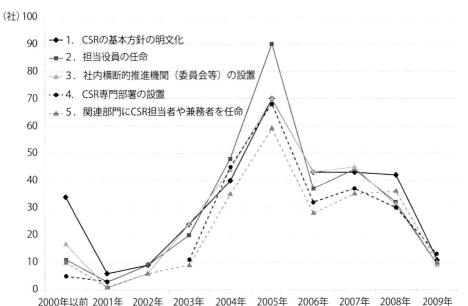

図表 9 － 2　日本企業の CSR への取り組み状況の推移

出所：日経連企業行動委員会（2009）「CSR に関するアンケート調査結果」（https://www.
keidanren.or.jp/japanese/policy/2009/075/index.html）2024 年 1 月 11 日閲覧。

られるようになった。このような目に見える形式的な成果が見られる時期を「CSR 第 1 期」とするならば，現在ではこの段階を超えて，事業と CSR の融合を図る「CSR 第 2 期」に入っているように見える。

　日本経営者団体連盟（以下，日経連とする）が 2009 年に日経連会員企業を対象に行った CSR 実態調査アンケート（全体企業数 1,297 社中 437 社回答，回答率 33.7％）によって，日本企業における CSR 実態が明らかにされている。同調査によれば，日経連加入企業は 2005 年をピークにその前後の時期において，CSR の基本方針の明文化，担当役員の任命，社内横断的推進機関（委員会等），CSR 専門部署の設置，関連部門への CSR 担当者や兼務者の任命などが進められていることがわかる。

第 3 節　経営者と CSR

1　経営者に求められる CSR

　大企業の巨大化とともに，企業経営の権力の頂点に立つ経営者に対して，その責任を追及する必要性を問う動きが大きくなった。これは英国の研究者であるシェルドン（Sheldon, O.）によって主張された内容，すなわち株主の利益最大化のみ追求するのではなく，社会サービスも提供すべきとする責任であった。この主張は，1924 年の彼の著書『経営管理の哲学』の中心的な内容であったが，当時の社会経済的な状況を勘案すると，非常に進んだ内容であった。その後，米国のバーリとミーンズによって提唱された所有と支配の分離された状況での経営者支配論が登場した。言い換えれば，米国の大企業では株式分散化によって支配的な所有者が存在しないため，権力の中心にいる専門経営者の役割が大きく取り上げられた。彼らの主張は，1932 年に刊行された『近代株式会社と私的財産』の公刊で明らかにされた。

　さらに，「CSR の父」ともいわれるボーウェン（Bowen, H.）も，彼の著書である『ビジネスマンの社会的責任』を通して，経営者が社会に対して果たすべき責任があることを強調した。すなわち，ビジネスマンが追求すべき社会的責任は，社会の目標と価値の観点から望ましいと思われる考え方・意思決定・行動

が義務づけられるという。彼の考え方は，さらに 1953 年に出版された『ビジネスマンの社会的責任』においても発展的な内容として発表された。

　平田（2008）は，企業の社会に対する影響力の増大を指摘し，大規模化した企業の経営者の発言力，そして経済的な役割より社会的役割が大きくなっている点に注目している。特に，経営者の他者統治から自己統治への意識の転換が必要であることを強調している。「経営者の自己統治は，経営者が自らの経営哲学に自らの経営倫理観と社会的責任観とを注入して，経営者行動規範を策定し，これに基づいて，自ら行動を，法令遵守に照らして律するとともに，内部者と外部者とによる監視・監督に晒されながら自己統治することにより，可能となる」という。

　一方，経済同友会では 1956 年に開催された CSR 提言活動として「経営者の社会的責任の自覚と実践」というテーマを発表していた。2003 年以後は「日本企業の CSR：自己評価レポート」を発表し，起こりうるさまざまな社会的課題に対してその解決の主体としての役割を果たそうとしている [1]。

2　CSR における経営者の役割と責任

　周知の通り，株主会社における経営者の役割として「企業は株主のものである」という前提がある。この考え方は，実際に日本の会社法や商法はもちろん，多くの国々の会社法の根幹をなす重要な基盤でもある。上述したフリードマンの CSR に対する批判の根拠にもなる。要するに，「企業に投資をしたのはあくまでも株主であるため，そのために雇われた立場にある経営者が受託責任を負うのは当たり前である」という論調である。フリードマンのいう社会的な問題に対して，税金を国民から徴収する主体である政府が解決すればいいという主張は理にかなわない。なぜなら，冷戦以後グローバルな事業展開を繰り広げている多国籍企業が，1990 年代に開発途上国で引き起こしたアパレル業界の児童労働などの問題は，一国の政府規制だけでは解決できない状況にあるためである。国会でいくら社会問題を解決するための法律を制定しても，国外で多くの事業を繰り広げている多国籍企業を規制する手段がない。

　さらに，米国では 1980 年代の不景気で企業価値，その中でも株主価値を優先

的に考慮した大企業の政策によって多くの失業者を生み出した。「企業は株主のものである」という前提では，経営者は株主の価値を優先する政策を取らざるを得ないため，従業員の大量解雇という結果につながった。当時デトロイト市で，自動車業界で解雇された従業員たちの問題が，彼らが支えていた多くの住民の社会問題にまで進展したのは記憶にも鮮明に残っている。

十川（2005）によれば，企業を取り巻く各種ステークホルダーとの良好な相互関係をいかに維持できるかを CSR の本来の意義として見ているという。なぜなら，企業が存続する意義として多様なステークホルダーからの尊敬と信頼を勝ち取ることがゴーイングコンサーン，すなわち企業が将来にわたり存続し，事業を継続していく前提となるからである。しかし，現実には多様なステークホルダーからの期待と企業行動には多かれ少なかれギャップが生じる。したがって，企業のヒエラルキーの頂点に立つ経営者には，最も重要な役割としてそのギャップをいかに埋めていくかが問われる。これこそが「CSR の本質」であるという。例えば，英米の企業に見られる，ステークホルダーの特定の集団（代表的には株主）の利益のために，他のステークホルダーの利益を犠牲にすることは望ましくないというロジックである。さらに，当該企業とステークホルダー間の利害，ステークホルダー間に生じうる利害をいかに調整するかは，権力の持ち主である経営者に与えられた重要なミッションであろう。しかし，近年，全産業を問わず発生している企業不祥事は，その権力を私利私欲のために行使してしまった事例としてしばしば取り上げられる。

第4節　多国籍企業の CSR パースペクティブ

先述したように，近年 CSR の重要性がますます問われている背景の1つとして，多国籍企業のグローバルな事業展開がある。冷戦後，国際的な事業機会が増えたことは必然的に企業規模の巨大化を生み出す結果となったといえる。これらの動向は，政府規制の範囲が一国に留まっている限界を取り払う何らかの枠組みが必要とされていることを意味する。

多国籍企業の CSR 研究のパースペクティブとしての類型は，戦略的パースペ

クティブ，制度的パースペクティブ，ステークホルダー・パースペクティブという 3 つに整理できる。

　第 1 に，戦略的なパースペクティブについてである。これは多国籍企業の組織戦略には CSR に配慮したグローバルな統合（global integration）と，ローカルな即応性（local responsiveness）が必要である（Husted and Allen, 2006）。ここからさらに，グローバル CSR とローカル CSR をいかに折衷するかの問題が発生する。このグローバル CSR に有益な理論的基盤を提供したのが「統合社会契約論」（Donaldson and Dunfee, 1995）である。すべての社会に展開できる CSR の一連の標準を反映した「ハイパー規範」（hyper norms）の必要性を主張している。具体的には，グローバル CSR の事例として，UN グローバル・コンパクト原則，OECD 多国籍企業行動指針，SA8000 などがある（Arevalo and Fallon, 2008）。しかし，近年では，経営の複雑化により，多国籍企業の調整行動は失敗する可能性が高まっているなど新たな課題が発生している。

　次に，ローカル CSR についてである。ローカルコミュニティには「自己規定的な（self-defined）」，「自己制限的な（self-circumscribed）」グループがある。ローカル CSR は，ローカルコミュニティをベースとした会社が果たすべき義務について取り扱っている（Husted and Allen, 2006）。

　第 2 に，制度的パースペクティブについてである。この制度的パースペクティブは，「国の規制」，「企業の政策や構造における組織フィールド（organizational field）の影響」，「政策や慣行を生み出す組織内部の特質」という 3 つの要因が多国籍企業における政策決定や構造づくりに影響を与えるという（Fligstein, 1991）。多国籍企業は，グローバル経営に適したグローバル政策決定という制度的同型化（institutional isomorphism）の影響を受けるため，ローカルな CSR 対応を苦手としている（Husted and Allen, 2006）。

　多国籍企業に見られる CSR 政策の差異は，経済的な発展水準と関連性が高い。これは結果的に，先進国では CSR 分野で必要とされる政策の要求度が高い（high incidence）のに対し，中国のような新興国では CSR の取り組みが始まって間もない状態であるため，その切実性が弱いことが現実の問題としてしばしば指摘されている。

　第3に，ステークホルダー・パースペクティブについてである。このステークホルダー・パースペクティブとは，CSRを企業の中に体系的に取り込むためには，ステークホルダーに向けた企業の戦略的アプローチとイニシアチブが必要なことを意味する（Schermerhorn, 2002）。具体的には，経済的・法的・倫理的・裁量的（慈善的）要素という4つのアプローチが必要である（Carroll, A. B., 1991）。

　多国籍企業は，子会社の進出先（host country）と本国（home country）のステークホルダーへ異なる対応を迫られる。異なる国に渡って行うCSRの管理と指針（orientation）には顕著な差異がある（Welford, R., 2005）。実際に，ヨーロッパ，アジア，北米など15カ国を比較分析した結果，ヨーロッパや北米地域と比較すると，アジア地域では労働時間，労働超過許容時間，公正な賃金構造，結社の自由，教育訓練プログラムなどの面においてCSR政策が劣っていた。ステークホルダーが会社の資源の流れを止める「撤退戦略」と，会社が資源の使用を制限する「利用戦略」を通して，会社のCSR体制と慣行に影響を及ぼしている（Frooman, J., 1999）。

第5節　CSRとSDGs

1　SDGsの意義

　まず，SDGs（Sustainable Development Goals：持続可能な開発目標）とは，2015年9月に開催された国連総会で採択されたものであり，貧困・飢餓・教育・気候変動・生物多様性など環境と開発に関するグローバルな課題への取り組み目標のことをいう。SDGsが世界的に注目されているのは，各国の政府，企業，市民，政府機関などを含むマルチ・ステークホルダーの協議で策定された17の目標がある点である。現在のSDGsは，2030年までに達成すべき目標が提示された点が注目に値する。従来のCSRは，世界各国における経済的・社会的な状況によって各々で異なる取り組みを構築または維持していたといえる。これに対し，2015年に国連という発信力のある機関での協議の結果，明確な共通目標と期限が提示されたことは，CSRをグローバルな次元で推進できる基盤が整ったとい

う意味では大きな意義があると評価されている。

　この SDGs は，2000 年 9 月に開催された国連のサミットで採択された目標である MDGs（Millennium Development Goals，ミレニアム開発目標）が受け継がれたものである[2]。MDGs は，主に開発途上国に軸を置いた目標であり，8 項目の目標と 21 のターゲットが設定されていた。MDGs の設定により，世界各国でこれらの目標が 15 年間にわたって推進されており，一定以上の成果を成し遂げたのではないかという評価が多々あった。その具体的な成果とは，貧困や飢餓の減少，初等教育における就学率の向上，男女の教育や労働における格差の解消，予防可能な疾病による幼児死亡数の減少，妊産婦の健康状態の改善，HIV 感染者の減少，マラリアや結核などの疫病感染者の減少，飲料水へのアクセスの改善，オゾン層破壊物質の消費の大幅な削減，ODA の普及，通信状況の改善という目標であった。

　日本においても，総理大臣を SDGs の推進本部長とし，外務省を中心に 2016 年 12 月から具体的な環境整備を推進している。内閣府では，「3 者以上のステークホルダーが，対等な立場で参加・議論できる会議を通し，単体もしくは 2 者間では解決の難しい課題解決のために，合意形成などの意思疎通を図るプロセス」をマルチ・ステークホルダー・プロセス（multi-stakeholder process）と定義し，①信頼関係の醸成，②社会的な正当性，③全体最適の追求，④主体的行動の促進，⑤学習する会議を具体的な運営指針としている[3]。

　次に，CSR と SDGs との関連性について探る。SDGs は企業の社会的責任の方向性を示すものであるという見解がある（林，2019）。

　イギリスのグラスゴーで開催された国連気候変動枠組条約第 26 回締約国会議（COP26）では，世界の国々が気候変動対策について議論した。ドイツの NGO ジャーマンウォッチは，主要排出国 60 カ国の気候変動政策の評価ランキングである「気候変動パフォーマンスインデックス 2022」を発表した。日本は温室効果ガスの排出目標などの気候変動対策が評価され，総合 45 位にランクづけられている[4]。前年度と比較すると，その順位は変わっておらず，気候変動に対する対策体制に低い評価を受けていることが明らかになっている。

　「気候変動指数 2022 年」（The Climate Change Performance Index 2022）には，世

図表 9 － 3　日本企業の気候変動指数ランキング（2023 年）

ランク	企業名	指数ウェイト (%)	親指数ウェイト (%)	セクター
1	ソニーグループ株式会社	5.24	3.45	一般消費財
2	トヨタ自動車株式会社	4.63	4.54	一般消費財
3	三菱 UFJ フィナンシャルグループ	3.98	2.31	金融
4	第一三共株式会社	3.31	1.93	ヘルスケア
5	信越化学株式会社	3.10	1.80	素材
6	東京エレクトロン株式会社	2.82	1.64	IT
7	日立製作所	2.76	1.60	産業
8	三井住友フィナンシャルグループ	2.71	1.58	金融
9	KDDI	2.59	1.50	通信サービス
10	武田薬品工業株式会社	2.57	1.49	ヘルスケア
合計		33.70	21.84	

出所：MSCI 気候変動指数。2023 年 3 月 31 日（https://www.msci.com/documents/1296102/37952193/MSCI_Climate_Action_Indexes_factsheet_JP.pdf/df283a96-23d2-6fa9-9e29-af0462c9395f）2024 年 2 月 20 日閲覧。

界各国の気候変動指数の評価値が示されている。図表 9 － 3 には日本企業における MSCI 気候変動指数が示されており，製造業だけでなく金融業でも気候変動に対する関心の高さが明らかになっている。

2　SDGs における日本の取り組み

　先述したように，日本では 2016 年 12 月以後，SDGs における取り組みを総理大臣の主導する政策として積極的に取り入れようとしている。その後，2017 年には，ジャパン SDGs アワードを創設するなどの動きがある。2020 年 10 月に，2050 年カーボンニュートラルを目指すことを宣言し，2021 年 6 月に「経済産業省主導 2050 年カーボンニュートラルに伴うグリーン成長戦略」などが発表され

るなど内閣府の関係機関からの具体的な動向が確認できた。

　さらに環境省によれば，SDGs に対する取り組みとして「カーボン・オフセット」と「カーボン・ニュートラル」があるという[5]。前者の場合，「日常生活や経済活動において避けることができない CO_2 等の温室効果ガスの排出について，まずできるだけ排出量が減るよう削減努力を行い，どうしても排出される温室効果ガスについて，排出量に見合った削減活動に投資すること等により，排出される温室効果ガスを埋め合わせるという考え方」であるという。これに対し，後者は，従来のカーボン・オフセットの取り組みをさらに進め，排出量の全量をオフセットすること。換言すれば，温室効果ガスの排出量と吸収量を均衡させ，温室効果ガスの排出を全体としてゼロにすることを意味する。

ケースで学ぶ　東日本大震災とディズニーの対応

　2011 年 3 月 11 日に東日本大震災が発生した。ここではその時のディズニー（オリエンタルランド）側の対応について探る。千葉日報 2023 年 3 月 28 日の報道によれば，当時，7 万人を超える来園客が現場にいたことがわかる。結局，帰宅困難者が 2 万人程度も発生し，園内で一夜を過ごさなければならない状況であったため，同社はその対応に迫られた。

　そのような緊迫した状況の中，大地震が発生する際に想定される大きな混乱もなく，今では「神対応」と称賛されるほど同社の高い対応能力が注目されている。同社では「ゲスト（来場者）の安全が最優先である」という経営方針が定まっており，これが危機を凌ぐのに有効な役割を果たした。例えば，来園者の頭を守るために陳列されていたぬいぐるみを配布したり，シャンデリアの妖精を演じて来園者 1,500 人をディズニーランドからディズニーシーに誘導したりしていた。舞台裏を通るルートでは，安全な場所に誘導したりしていた。実際に，大地震の発生後，舞台裏を通るかどうかをめぐり，短時間でありながら総括本部内で激論があった。

　当時は 3 月であったため，昼間でも肌寒い程度の気温であったが，一晩寒さを凌ぐための空間と食料の調達が必要であった。同社では商品であったクッキーや非常用のひじきご飯を無料で配布した。当時 TDR の防災マニュアル作成の担当者であった田村圭司氏によれば，1995 年に発生した「阪神淡路大震災での教訓が生かされた」という。特に，避難所での運営方法などに関する教育によって，配給体制の未整備などの問題で生じうる災害弱者が少なく済んだという。彼が阪神淡路大震災で得たのは「物は奪い合うと足りないが，分かち合うと足りる」という教訓であった。

　そして震災発生後の休園の経験は，2020 年に発生した新型コロナウィルスの感染拡大状況でも生かされている。何よりこのような経験は，キャストを多く抱えている従業員に大きな感動と自信を与えたといわれている。

📖 話し合ってみよう！

1. 東日本大震災の発生時に行ったディズニー（オリエンタルランド）の対応内容について明らかにする。
2. ディズニーの対応によって被るであろうと思われる株主価値の損失とは何か。
3. 入社したい企業，気になる企業における CSR 体制について調べなさい。

まとめ

◎ CSR は現在，企業にとって避けて通れない重大な課題であり，日本では 2003 年以後，CSR の取り組み体制が日経連などの企業を中心に急速に進展した。
◎ CSR はミッション，ビジョンなどの取り組みの中に位置づけられており，その方針に沿って経営戦略を実行しなければならない。
◎ SDGs は貧困・飢餓・教育・気候変動・生物多様性などの課題などに対する具体的対応基準を提供している。これらの重要課題に，2030 年までという具体的な期限が設けられている点，分野別の 17 の目標が定められた点が，実践の可能性の面において高く評価されている。

【注】

1）経済同友会「日本企業の CSR―進化の軌跡―　自己評価レポート 2010」（https://www.doyukai.or.jp/policyproposals/articles/2010/pdf/100413b.pdf）2024 年 2 月 20 日閲覧。
2）「ミレニアム開発目標（MDGs）」（https://www.mofa.go.jp/mofaj/gaiko/oda/doukou/mdgs.html），2023 年 8 月 26 日閲覧。
3）「マルチステークホルダー・プロセスの定義と類型」（https://www5.cao.go.jp/npc/sustainability/research/files/2008msp.pdf），2023 年 8 月 26 日閲覧。
4）「気候変動実績指数 2021 年」（THE CLIMATE CHANGE PERFORMANCE INDEX

2021）（https://newclimate.org/sites/default/files/2020/12/CCPI_2021_Image2.png），
2023 年 8 月 25 日閲覧。
5）「J- クレジット制度及びカーボン・オフセットについて」

参考文献

十川廣國『CSR の本質』中央経済社，2005 年。
佐久間信夫・田中信弘編著『現代 CSR 経営要論』創成社，2011 年。
髙巖・日経 CSR プロジェクト編『CSR　企業価値をどう高めるか』日本経済新聞社，2004
　年。
谷本寛治編著『CSR 経営』中央経済社，2004 年。
林順一「SDGs に初期の段階から取り組む日本企業の属性分析」『日本経営倫理学会誌』第
　26 号，2019 年，pp.25-38。
平田光弘『経営者自己統治論―社会に信頼される企業の形成』中央経済グループパブリッシ
　ング，2008 年。
Arevalo, J. A. and Fallon, F.（2008），"Assessing corporate responsibility as a contribution to
　global governance: the case of the UN Global Compact", *Corporate Governance*, Vol.8
　No.4, pp.456-470.
Carroll, A. B.（1991），"The pyramid of corporate social responsibility: Toward the moral
　management of organizational stakeholders", *Business Horizons*, Vol.34, Issue 4, July–
　August, pp.39-48.
Carroll, A. B.（2016），"Carroll's pyramid of CSR: taking another Look", *International Journal
　of Corporate Social Responsibility*, Vol.1 No.3, pp.1-8.
Donaldson, T. and Dunfee, T. W.（1995），"Integrative Social Contracts Theory: A
　Communitarian Conception of Economic Ethics", *Economics and Philosophy*, Vol.11, pp.85-
　112.
Frooman, J.（1999），"Stakeholder Influence Strategies", *Academy of Management Review*,
　Vol.24, No.2, pp.191-205.
Husted, B. W. and Allen, D. B.（2006），"Three Lenses on the Multinational Enterprise:
　Politics, Corruption and Corporate Social Responsibility", *Journal of International Business
　Studies*, Vol.37, No.6, pp.838-849.
Kreiner, P.（1991），"The Transformation of Corporate Control", *The Academy of
　Management Review*, Vol.16, No.3, pp.631-634.

Porter, M. E. and Kramer, M. R. (2006), "Strategy and Society: The Rink Between Competitive Advantage and Corporate Social Responsibility" *Harvard Business Review*, December, pp.78-92.

Welford, R. (2005), "Corporate social Responsibility in Europe, North America and Asia", *JCC*, vol.17, pp.33-52.

Werther, W. B. Jr. and Chandler, D. (2006), *Strategic Corporate Social Responsibility: Stakeholders in a Global Environment*, SAGE Publications.

第10章　環境経営と企業倫理

学習目標
1. 環境経営の意義について検討する。
2. 環境経営の理論について明らかにする。
3. トヨタとソニーにおける環境経営の取り組みについて取り上げる。

第1節　環境経営の意義

　日本で企業経営における環境問題についてその重要性が問われ始めたのは，高度成長時代に発生した環境破壊や汚染，公害問題がきっかけであろう。これらの環境問題の未然防止と，発生した場合の事後対応を行うことが，企業の社会的責任（CSR）という枠組みで広く意識され始めたのも高度成長期の1960年代から70年代である。1965年に新潟県阿賀野川流域で発生した水俣病，1910年代から1970年代にかけて富山県神通川流域で多発したイタイイタイ病などはその典型的な事例である。これらの病気は，新潟水俣病，四日市喘息と共に四大公害病として指定されている。四大公害病に代表される公害問題の解決をめぐっては長期間の裁判にまで発展するほど社会から注目されていた。

　近年では二酸化炭素排出が原因で地球規模でその深刻さを増している地球温暖化などが注目に値する[1]。産業公害をめぐっては，原因究明，汚染源，汚染者責任，影響の空間的規模などの面において責任を特定するのは比較的簡単である。これに対し，地球規模で発生している温室効果ガスの発生をめぐっては，国家間の利害の衝突や原因究明のための国家間の協力体制づくりの問題も絡むなど解決のための道程は険しい。

　環境省が2022年4月に発表した2020年度の温室効果ガスの排出量結果をみると，11億2,200万トンであり，前年度と比べると2.0％増加（2,150万トン）し

ていることが明らかになっている。温室効果ガスには，二酸化炭素（CO_2），メタンガスなどがあるが，その結果を部門別の内訳で明らかにすると，工場などから排出される産業部門が 33.4% で最も多く，商業・サービス・事務所などの商業部門が 21.1%，自動車・船舶などの運輸部門が 21%，家庭部門が 15%，発電所などのエネルギー部門が 8%，石炭・石油の消費などの工業プロセスおよび製品の使用が 4%，そしてその他が 2% という順になっている。このように，二酸化炭素排出に占める割合は家庭部門の 15% に比べたら，産業部門が圧倒的に高い割合を占めることがわかるため，これらの諸部門をいかにコントロールしていくかが大きな課題とされている。

　環境問題と関連するステークホルダー側からの要請は年々その強さを増しており，現代企業にとっての強力なプレッシャーとなっているのが現状である。このようないわゆる「物言うステークホルダー」はグローバルなネットワークを形成することにより，その存在感を示している。

　環境問題に大きなポジションを占めている企業，その中でもグローバルな次元で事業を展開している多国籍企業をいかにコントロールするかは避けて通れない緊急の課題として認識されている。本章では，このような観点から，環境経営の意義，環境経営とサステナビリティ，環境経営の実践について検討する。

1　地球環境問題

　地球環境問題を解決するために，最も迅速で実行性の高い規制に公的規制がある。しかし，1990 年代以後グローバルな事業展開を繰り広げている多国籍企業の影響力が年々増加傾向にある。全世界に散在している多国籍企業の行動様式を考えると，もはやグローバルな視点での何らかの規制が必要な時代が到来している。これらの環境問題へのさまざまな対処のあり方として注目に値するのが「環境ガバナンス」であろう（宇治，2019）。ここでいう環境ガバナンスとは「環境問題にかかわるあらゆるステークホルダーを統治して，当該問題の解決に向けた管理を行うこと」を指す。当然，同ガバナンスには，多様なレベルおよび多様な主体から構成されることが原則となる。具体的には，主権国家，国際機関，環境 NGO，企業などが主体（actor）として認識されている。この環境ガ

バランスにより，国家間の協調から国内政策や地域的な取り組みにまで影響を及ぼすことになる。

　しかし，近年では国家の行政機関である政府の規制より，企業や市民社会による影響力が増大している。国家の環境条約より，非国家アクター（non-state actor）から個人に至るまですべてのステークホルダーがその主体として含まれている。それは企業，政府，市民社会という主な主体間の力学的関係の変化からも確認できる。すなわち，企業と市民社会の権力は増大しているのに対し，政府の権力が相対的に弱化しているからに他ならない。実際のところ，権力（power）が増強されている企業に対して政府からの支援要請がある半面，過去より権力が強化された市民団体の方が企業活動を牽制する役割を果たすような様相を見せている。先述したように，この考え方は，EU で政策決定プロセスにマルチステークホルダーを意思決定権者として取り入れていることと同じ文脈で理解できる。これは「マルチステークホルダー・プロセス」といわれ，さまざまな課題を解決するルールとして利用されている。

　一方，日本において地球環境問題が大きく取り上げられたのは，1991 年 4 月に経済団体連合会が制定した「経団連地球環境憲章」であった[2]。同憲章の発表により，日本の経済社会においても地球環境問題に対する関心が高まり，特に日本企業が果たすべき企業の社会的責任（CSR）が強く問われるきっかけとなったと思われる。その後，日本では 2003 年に「CSR 元年」といわれるほど，それまで個別企業レベルで果たすべきとされていた経営課題が国全体の次元まで引き上げられるようになった。

　気候変動に対する企業の環境政策の課題として，最高経営責任者層である取締役会が果たすべき役割が大きいと考えられる。これらの動向に関する近年の研究では，二酸化炭素排出量をめぐっては取締役会の構成が重要な役割を果たすことが明らかになっている（林，2023）。

2　CSR 調達

　近年，人類は地球温暖化に代表されるような地球規模での深刻な環境破壊の危機に直面しており，それらの悪影響と決して無関係とはいえない企業の責任

を厳しく問う声が少なくない。もちろん，経済活動の「負」の側面を生み出している重要な主体として認識されている企業側は，厳格さを増している環境規制への対応を余儀なくされている。周知の通り，ヨーロッパ，特に，イギリスでは 2000 年以後，WEEE 指令，RohS 指令，REACH 規制などのような環境規制を行っている。これらの規制にいかに対応するかの課題は，実際にヨーロッパ地域で事業活動を営んでいる日本の電気，電子，化学，自動車業界においては死活問題に直結する。

これらの規制に対応するため，購入企業（purchasing firm）には自社が使用する資材や原料をサプライヤーから調達する際に，環境負荷の低いものから優先的に選択することが求められている。このような調達行為のことを「グリーン調達（green procurement）」といい，いわゆる環境物品市場の形成および開発の促進などの波及効果も期待できる。これと関連して自社内での研究開発はもちろん，サプライヤーへの要請事項として周知徹底されている。循環型社会を目指すためには，環境への負荷をできるだけ最小限にする再生用品の使用を積極的に推し進めることが求められている。近年では，環境問題だけでなく，人権・労働・腐敗防止などを含む CSR を当該企業や関連グループにも適用する「CSR 調達（CSR procurement）」へとその視野を広める動向を見せている（文，2019）。

これに関連して，実際に日本では，2001 年に「グリーン購入法（国等による環境物品等の調達の推進等に関する法律）」が制定され，政府機関への制度導入はもちろん，民間企業にも大きな影響を及ぼしている。

一方，CSR の全世界的な拡散とともに，「環境」に関わるイシューだけでなく，「社会」をイシューとし，サプライヤーの調達条件に取り組むことを要請する動向も見られている。米国のアパレル業界の場合，1990 年代にナイキやリーボックなどのスポーツ用品メーカーが不祥事を引き起こした後，児童労働の禁止，安全衛生の確保，労働環境の改善など CSR 上不可欠な課題を詳細に取り上げ，調達条件として積極的に取り込む動向も見られている。

図表 10 － 1　RBA 行動規範

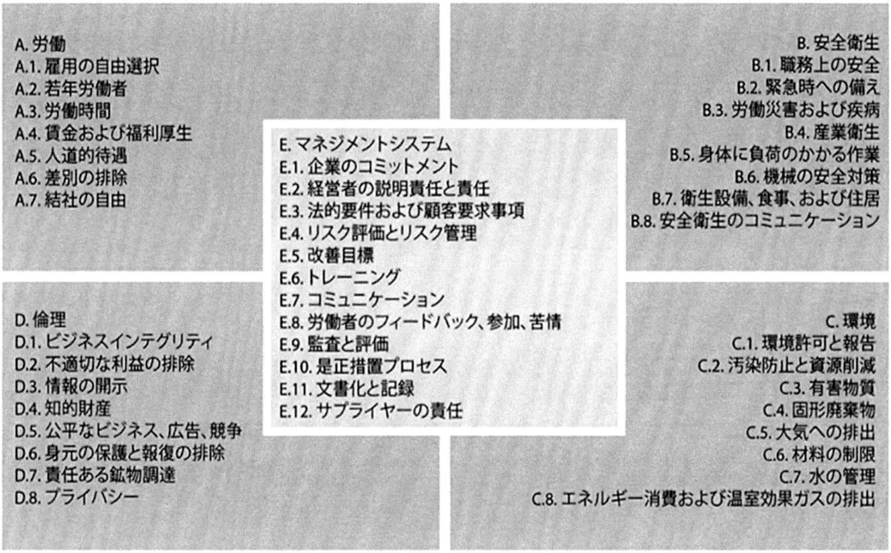

A. 労働
A.1. 雇用の自由選択
A.2. 若年労働者
A.3. 労働時間
A.4. 賃金および福利厚生
A.5. 人道的待遇
A.6. 差別の排除
A.7. 結社の自由

B. 安全衛生
B.1. 職務上の安全
B.2. 緊急時への備え
B.3. 労働災害および疾病
B.4. 産業衛生
B.5. 身体に負荷のかかる作業
B.6. 機械の安全対策
B.7. 衛生設備、食事、および住居
B.8. 安全衛生のコミュニケーション

E. マネジメントシステム
E.1. 企業のコミットメント
E.2. 経営者の説明責任と責任
E.3. 法的要件および顧客要求事項
E.4. リスク評価とリスク管理
E.5. 改善目標
E.6. トレーニング
E.7. コミュニケーション
E.8. 労働者のフィードバック、参加、苦情
E.9. 監査と評価
E.10. 是正措置プロセス
E.11. 文書化と記録
E.12. サプライヤーの責任

D. 倫理
D.1. ビジネスインテグリティ
D.2. 不適切な利益の排除
D.3. 情報の開示
D.4. 知的財産
D.5. 公平なビジネス、広告、競争
D.6. 身元の保護と報復の排除
D.7. 責任ある鉱物調達
D.8. プライバシー

C. 環境
C.1. 環境許可と報告
C.2. 汚染防止と資源削減
C.3. 有害物質
C.4. 固形廃棄物
C.5. 大気への排出
C.6. 材料の制限
C.7. 水の管理
C.8. エネルギー消費および温室効果ガスの排出

出所：RBA のホームページ（2023 年 8 月 10 日閲覧）。

　なお，人権・労働・環境・腐敗防止に関する 10 原則の遵守を促す「国連グローバル・コンパクト（The United Nations Global Compact）」，労働条件や労働環境に限定した倫理規準を示している「SA（social accountability）8000」，企業が社会倫理に関する報告書を作成する際に，その基準となるプロセスを測定する規格である「AA（account ability）1000」などの国際的に信頼性の高い認証機関が地域や企業ごとに異なりうる評価基準を統一させるきっかけとなった（文，2022）。これらの認証機関はグローバル企業に対して遵守すべき国際標準を提示し，その基準に照らし合わせて評価することで，さらにその基準を満たす企業を認証する一連の動向もある。これらの動きはグローバルな事業展開を行って当該企業の経営方針に積極的に CSR 調達を取り込ませる主な要因となり，その浸透に拍車がかかっている。
　では実際にグローバルなサプライチェーンを構築する際にはいかなるものが必要なのか。「サプライヤー行動憲章（Supplier Codes of Conduct）」，それらと関

連する外部の第三者機関による調査（inspection），内部監査（audits）という3つ
の要因が必要である。

　先述したように，2004年6月から10月の間に電子製品の製造に従事している
多くの企業によって策定されたのがEICC（Electronic Industry Code of Conduct）で
ある。この行動憲章の遵守を図り，メンバーとして参加しているのがCelestica,
Cisco, DELL, Flextronics, HP, IBM, Intel, Microsoft, ソニーなどである。EICC
は，2016年に参加企業資格を拡大し，当時，電子機器メーカーとそのサプライ
ヤーだけに限定していた範囲をさらに拡大することにした。その結果，電子機
器の納入先となる自動車，玩具，飛行機，IoTテクノロジー企業も参加が可能
になった。このように参加する業界を拡大した背景には，部品納入先とともに
アクションを起こすことで，産業全体のサステナビリティの水準を向上してい
く目的があったといわれている。このEICCは組織改編などの理由で，2017年
にRBA（responsible business alliance，責任ある企業同盟）に名称が変更される[3]。
同行動規範（code of conduct）は最新のものとして2021年にバージョン7.0が制
定されている。RBAスキームは，労働・安全衛生・環境保全・管理の仕組み・
倫理という項目で構成されている。

　さらに，同規範では倫理監査が義務づけられている。詳細には「自己調査（Self-
Assessment Questionnaire）」，「第三者機関による監査（Validated Audit Process）」，
「第二者（サプライヤーの顧客企業）による監査（Customer Managed Audit）」，「RBA
参加企業もしくは第三者監査機関によるRBA参加企業への監査（Auditee
Managed Audit）」を義務付けている。日本ではRBAの第三者の認証機関として
ビューローベリタスなどが監査業務に従事していることが知られている。

　このRBAは，基本的にILO宣言および世界人権宣言，そして主な国際的な
人権基準に基づいて制定されたものと認識されている。同規範は，5つの分野で
構成されているが，具体的には，それぞれA（労働），B（安全衛生），C（環境保全），
D（企業倫理），E（規範の遵守を管理するための適切なマネジメント・システム）につ
いて明記されている。

　日本ではイオングループが2003年に「イオンサプライヤーCoC（EAON
supplier code of conduct）」を策定した。同年5月にイオンの自社ブランドである

「トップバリュ」の製造委託先約 400 社に対して説明会を開き，「イオンサプラ
イヤー CoC」の遵守と，製造委託先工場の確認，遵守の宣誓書を提出するよう
に要求している。イオンサプライヤー CoC は 2019 年 3 月にさらに改訂され，安
心・安全な商品の製造，人権デュー・ディリジェンスの推進などを通して同社
活動と関連するステークホルダーから信頼と安心を得ることを最終目的として
いる [4]。同行動規範には，「1 法と規則　2 児童労働　3 強制労働　4 労働時間
5 賃金および福利厚生　6 虐待およびハラスメント　7 差別　8 結社の自由およ
び団体交渉の権利　9 安全衛生　10 環境　11 商取引　12 誠実性および透明性
13 エンゲージメント」という 13 項目の規範が定められている。

第 2 節　環境経営と組織

1　環境マネジメント

　地球環境問題と関連する領域や主体を見ると，政府，企業（営利・非営利を問
わず），家庭などがある。しかし，この地球環境問題で浮き彫りになった現象は，
ゴミ問題，リサイクル問題，熱帯林やオゾン層破壊問題など実に広範囲に及ぶ
領域である。これらの問題は「環境リスク（environmental risk）」といわれたりも
する。

　いずれにせよ，本章では経営学という分野からのアプローチ，すなわち多国
籍企業のような巨大組織をいかにコントロールし，環境を保護したり最小限の
環境破壊負荷に留めたりするかについて注目する。

　本来，上述した環境問題を組織がコントロールする領域には環境経営，環境
マネジメント，環境リスクマネジメントなどがある。しかし，これらの表現は，
研究者によってさまざまであるのが現状である。図表 10 − 2 はさまざまな研究
者によって行われた定義について整理したものである。

　上述したように，環境問題は企業の規模が巨大化するにつれて自然に発生す
る問題として認識されている。環境経営の要件としては，経営環境理念，環境
マネジメント技術，環境配慮型市場が必要とされる（佐久間・鈴木，2011）。まず，
経営環境理念については，当該企業の経営理念の中に環境保護や環境への負荷

174

図表10－2　環境経営におけるさまざまな定義

表　現	研究者名	定　義
環境経営	国部（2000）	「企業の隅々まで環境への意識を浸透させた経営」
	鈴木（1999）	「循環型社会の実現を目指す企業経営スタイル」
環境マネジメント	環境省（2024）	「組織や事業者が，その経営の中で自主的に環境保全に関する取組を進めるにあたり，環境に関する方針や目標を自ら設定し，これらの達成に向けて取り組んでいくこと」
環境リスクマネジメント	島崎（2008）	「企業が事業活動を行う場合，環境問題に対して，どのような予防対策と事後対応をするかということ」

出所：筆者作成。

を最小限にするなどの方針を制定し，公に公表することである。例えば，トヨタ自動車が1991年1月に制定した「トヨタ地球環境憲章」がある。これは先述した経団連地球環境憲章に先駆けて制定されたものであり，グローバルな次元で事業を繰り広げる自動車メーカーとしての現実的な課題を反映したものとして認識されている。第2の環境マネジメント技術は，環境保全を実行するために必要とされる技術のことをいう。この技術には，環境マネジメント・システム（EMS）を中心とした環境監査，環境ラベル，環境パフォーマンス評価（EPE），ライフサイクル・アセスメント（LCA），環境適合設計（DFE）という項目があるという。第3の環境配慮型市場には，製品サービス市場，資本金融市場，労働市場がある。これに対し，環境省は日本の優れた環境配慮技術を利用した，海外市場開拓の重要性についても促している[5]。

2　環境経営における取締役会の役割

　近年では，温室効果ガス削減のための重要な要因として取締役会のメカニズムが注目されている。同メカニズムを効率的に構築することで，環境リスクや気候と関連するリスク，カーボン・イニシアチブにおける企業のエンゲージメントを監視する重要な役割を果たす（Peter, G. F. and Romi, A. M., 2014）。すなわち，持続可能な経営戦略を駆使するためにも，取締役会の役員がいかにそれらの課題についてコミットしているのかが問われている（Haque, F., 2005）。実際に，温室効果

ガスを削減するための積極的な関与は，当該企業の財務的業績や株主価値に
「正」の効果をもたらしていることが明らかにされている（Clarkson and Li, and
Vasvari, 2011）。一方で，炭素集約型産業（carbon-intensive industry）と非炭素集約
型産業（non-carbon intensive industries）との間で，環境イノベーションに対する
積極性が異なっていることがわかった（Luo, L. and Tang, Q., 2021）。

　当該企業の環境経営への取り組みは，取締役会の構成やダイバーシティとの
関連性があるという研究が注目されている。ダイバーシティ経営に関する研究
によると，ダイバーシティの程度が高い取締役会は，情報的資源の利用が増加
したり，戦略的機会を明らかにする取締役会のキャパシティを強化したりする
などの傾向がある。Horwitz and Horwitz（2007）はダイバーシティの類型を「職
務関連型のダイバーシティ（task-related diversity）」と「デモグラフィー型のダイ
バーシティ（demographic diversity）」に大別している。職務関連型のダイバーシ
ティは能力や知識，経験など目に見えない部分のダイバーシティのことをいう
のに対し，デモグラフィー型ダイバーシティとは，性別，国籍，年齢などその
人の「目に見える属性」と関連する多様性のことをいう。前者の場合，チーム
の業績に「正」の関連性を見せているのに対し，後者はその関連性が確認でき
ないという。

　しかし，取締役会の多様な構成がメンバー間の対決を煽ったり（Jhunjhunwala,
S. and Mishra, R. K., 2012），意思決定のプロセスにおいて複雑性が増加したりする
などの「負」の側面があることもしばしば指摘される（Harjoto et al., 2015）。さら
に，コミュニケーション，組織凝集性，組織摩擦などの問題についても否定的
な影響をもたらしていることがわかる。一方で，高度成長期にはダイバーシ
ティに富んだグループより，同種の集団の方が業績に効果的であることが明ら
かにされている。

　取締役会の構成の問題と関連して，独立社外取締役や女性役員の比率が環境
パフォーマンスに及ぼす影響について明らかにしている研究もある。企業や社
会における女子の比率が高くなるにつれ，ステークホルダーたちは女性役員の
役割を支持しているという（Hillman, A. J. and Shropshire, C. and Cannella Jr., A. A.,
2007）。女性役員比率と温室効果ガスの減少とは肯定的な関係があると主張され

図表 10 − 3　上場企業の女性役員数の比率

注：調査時点は原則として各年 7 月 31 日現在。調査対象は，全上場企業。「役員」は，取締
　　役，監査役および執行役。
出所：東洋経済新報社『役員四季報』男女共同参画局ホームページ（https://www.gender.
　　go.jp/research/weekly_data/）より再引用。

ているのに対し，最近の日本での実証研究はその関連性が乏しいとされている
（林，2023）。欧米の研究で頻繁に見られる両者の関連性が日本では見られていな
いことに対し，OECD 加盟国の中で低水準に留まっている女性役員の比率をそ
の主な原因として指摘している。

　さらに，取締役会のジェンダー・ダイバーシティと環境面での開示の積極性と
の関係においても「正」の関係がある（小澤，2021）。

　OECD が発表した 2022 年における日本の女性役員比率は，15.5％であること
が明らかになっている。この結果は，同加盟国であるフランス（45.2％），イタリ
ア（42.6％），イギリス（40.9％）と比較しても大きな格差が見られる[6]。

3　資源環境モデル

　ここでは資源環境概念モデルを紹介する。まず，同モデルを理解するために

は，環境の内部化という概念について理解する必要がある。本来，地球環境問題については，環境の内部化と外部化からのアプローチが必要であるという（鷹田，1999）。すなわち，環境問題が社会経済システムの外部にあると認識した場合を「環境の外部化」としているのに対し，環境の経済的機能・文化的機能を社会経済システムの内部に取り込むことを「環境の内部化」として認識している。

　図表10－4が示しているように，私たちが住んでいる地球は基本的に「自然空間」と「社会空間」で構成されていることを大前提にしている。資源環境概念モデルでは，原則的に①資源領域から生産者によって資源が摂取される「生産領域」，②生産領域から消費者に販売される「消費領域」，③消費者によって排出物が発生する「排出物領域」，そして④排出物領域から浄化が行われる「資源領域」が存在する。この①から④までのプロセスは繰り返して実行される連続性を有していることを前提にしている。

図表10－4　資源環境概念モデル

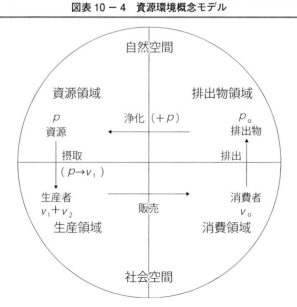

出所：大野・葛山・山下（1992）。

　ここで上述した環境の内部化と外部化が見られる。鄭・山下（2014）は，自然空間から社会空間への資源の摂取が行われる過程を「環境の内部化」といい，社会空間から自然空間への排出の過程を「環境の外部化」と主張している。

第3節　環境経営の実践

1　トヨタ自動車

　トヨタ自動車では環境経営における実践活動として「トヨタ地球環境憲章」「トヨタ環境チャレンジ2050」「気候変動政策に関する渉外活動の開示」がある[7]。トヨタ地球環境憲章は，1992年に最初に制定され，2000年に改定された。このような方針は，トヨタ75年史でも明らかになっている通り，「人・社会・地球環境との調和を図り，モノづくりを通して持続可能な社会の実現を目指します」という企業理念に基づいている。さらに，CSR方針は「社会・地球の持続可能な発展への貢献」であるという。自動車メーカーという業種の特性上，生産プロセスの中で発生する環境への負荷と，完成された製品を使用する中で生じる排気ガス排出，使用後の廃棄物の処理などさまざまな環境問題が発生する現状がある。当然，これらの企業行動様式で発生している諸問題は，社会への大きな負荷になっている。

　次の「トヨタ環境チャレンジ2050」は，「トヨタ地球環境憲章」で定めた方針を2050年までの近未来にいかなるプロセスとツールで実現するかについて明らかにしたものである。要するに，地球環境に対する長期的な取り組みの詳細について明らかにしたものであり，図表10－5が示している通りに，6つの環境チャレンジ項目を提示している。同図表が示しているように，チャレンジ項目として，大きく「ゼロへのチャレンジ」と「プラスへのチャレンジ」を目指していることがわかる。そして同チャレンジでは，気候変動・資源循環・自然共生という明確な目標が定められている。

図表 10 － 5　トヨタ環境チャレンジ 2050

出所：トヨタホームページ（https://global.toyota/jp/sustainability/esg/environmental-policy/）
　　　2023 年 8 月 10 日閲覧。

2　ソニー

　日本を代表する企業として広範囲で事業を展開しているソニーの場合も，グループ全体の次元で環境に対する方針を定めている。同社は，その具体的な方針を近年注目されているパーパスと，「ソニー・グループ行動規範」で表している。前者は，「クリエイティビティとテクノロジーの力で，世界を感動で満たす」と表現し，後者は，ソニー・グループ全体のサステナビリティに関する活動方針であるが，「イノベーションと健全な事業活動を通じて，企業価値の向上を追求し，持続可能な社会の発展に貢献することが，ソニーの企業としての社会的責任の基本をなす」という。このソニーグループ全体の方針として定められたものは，サステナビリティ担当部署と本社関連部署の行動指針として浸透しており，国内外のビジネスユニットやグループ会社などにも適用されている。

　同社のグループでは，さまざまなステークホルダーからの要請事項の確認や社会環境の変化などを反映したサステナビリティの重要項目（マテリアリティ）の見直しを 2022 年に実施したという。図表 10 － 6 にはソニー・グループの環境活動に対する方針が明らかにされている。

図表 10－6　ソニー・グループの環境活動に関する方針

活動領域	注力事項	2022年度の主な実績	今後に向けて	取り組みの主な掲載箇所
環境	持続可能な社会を実現するために、自らの事業活動および製品のライフサイクルを通じて、環境負荷をゼロにすることを目指す	**気候変動** ・製品1台あたりの年間消費電力量　：3.9%増加（2018年度比） ・事業所の温室効果ガス排出量　：12.5%減少（2020年度比） ・再エネ由来電力使用（再エネ電力率）　：29.7% ・国際間・域内におけるGHG排出量　：10.0%削減（2018年度比） **資源** ・製品1台あたりのバージンプラスチック使用量　：3.4%削減（2018年度比） ・製品1台あたりのプラスチック包装材使用量　：22.2%削減（2018年度比） ・事業所の廃棄物発生量原単位　：31.6%悪化（2020年度比） ・One Blue Ocean Project を全世界で展開し、事業所内でのプラスチックの使い増やす **化学物質** ・ソニー独自の化学物質管理基準に基づきPVC、BFRなどの代替素材の採用を推進 **生物多様性** ・地域貢献活動の一環として、全サイトで多様性の保全や教育・啓発活動を実施 ・One Blue Ocean Project を全世界で展開し、地域のプラスチックごみの清掃活動を実施 ・Food for the future プロジェクトを展開し、環境配慮ガイドラインの社員への配布、環境配慮食材を使用したニューの社員食堂での提供、10月をFood for the Future Monthとし、全世界のソニーグループ事業所で環境配慮食材に関するイベントを実施	・2040年のスコープ1から3までを含む（バリューチェーン全体のネットゼロ、2050年の環境負荷ゼロに向け、さらなる取り組みの強化 ・地球環境保全に貢献する技術の開発と活用 ・サプライチェーンエンゲージメントの強化 ・エンタテインメント事業を中心とした啓発活動の強化 ・2030年に再エネ電力100%達成に向けて、事業所での太陽光パネル設置などを通じた再エネ導入量の拡大 ・2030年に自社オペレーションにおける直接・間接排出（スコープ1,2）のネットゼロの達成 ・SBT「1.5℃目標」に認定された2035年度を達成年とした気候変動目標の連動の強化、さらなる取り組みの強化 ・炭素除去・固定への探求と貢献 ・製品のプラスチック包装材削減と石油由来・バージンプラスチックの削減の強化	→ 環境 → テクノロジーの活用 ☑ ソニーグループ ポータルサイト 環境

出所：ソニー・グループのホームページ（https://www.sony.com/ja/SonyInfo/csr_report/　2023年12月26日閲覧）。

第 4 節　環境ビジネス

　環境問題は企業が迅速にしかも的確に解決しなければならない主要な課題でありながら，環境技術を利用した事業領域（ドメイン）として収益を生み出すという認識も広がっている。例えば，オバマ前政権は，環境エネルギー政策を掲げ，250 万人の雇用創出構想を打ち出したこともある。同政策は景気対策の一環として進められ，特に環境・エネルギー分野へ集中的な投資が行われた。経済再生と環境・エネルギー分野の新規需要・雇用の創出を同時に実現することを目標としていた。

　環境省の定義によれば，環境産業とは，「供給する製品・サービスが，環境保護（environmental protection）及び資源管理（resource management）に，直接的又は間接的に寄与し，持続可能な社会の実現に貢献する産業」と定義されている[8]。同省が 2023 年 6 月に公表した報告書によれば，日本の環境産業の規模は 2021 年現在，日本国内で 108 兆 908 億円であり，2000 年と比較すると 1.7 倍程度増加していることが確認できる。さらに，同産業が全体の産業に占める割合として，2000 年の 6.6％ から 2021 年には 10.5％にまで拡大していることが明らかになっている。

　OECD の「The Environmental Goods & Services Industry（1999）」によると，環境産業は，基本的に環境汚染防止，環境負荷低減，資源有効利用という 3 つに分類されることが明らかになっている。

　一方で，環境に対する制約は，「チャンスかリスクか」という議論も沸き起こっているものの，日本企業の環境技術の水準の高さは今後ビジネスチャンスを獲得する上で重要な位置を占めるといえよう。

　環境省が 2021 年にまとめた報告書である「ローカル SDGs（地域循環共生圏）のビジネスの先進的事例とその進め方」によると，環境事業を満たす条件として「①地域資源を活用し，地域内で資金，エネルギーや食などが循環している，又は地域内へ資金が流入する仕組みが構築されている，②地域間で補完・支えあいの関係が構築できている」ことが挙げられている[9]。さらに，目指す姿と

しては「カーボンニュートラルによる持続可能な社会の実現」である。着目する産業分野として①食料・農林水産業（地産地消型エネルギーシステム，スマート農業など），②ライフスタイル関連産業（サステナツーリズム，ワーケーションなど），③資源循環関連産業（バイオマス，地熱発電，再生材など），④住宅・建築物産業（ZEB/ZEH，地域エネマスなど）があるという。

このように，環境経営における動向は，企業内部の取り組みだけでなく，環境そのものがビジネスや産業として成り立っていることがわかる。しかし，地球全体の次元で国や地域ごとのさまざまな利害関係も絡んでいるため，合意形成にまで至ることは至難の業である。近年，国連主導で進められているSDGsの取り組みは，理論的な根拠の乏しさなどの理由で批判の声も少なくないが，地球環境問題解決のための大きな前進として認識されている。

ケースで学ぶ　ソニーの重金属混入事件

ソニー・グループの系列会社であるソニー・ヨーロッパは，2001年にオランダ規制当局からゲーム機「PS1」の周辺機器の一部に許容範囲を超えるカドミウムが混入しているとの指摘を受けた※。この指摘を受け，ソニー・コンピュータエンタテインメント・ヨーロッパ（SCEE）は自主規制として130万台のPS1に対して，2002年3月までに出荷停止の措置を下した。当時クリスマスシーズンという絶好の販売チャンスを目前に下した決定であり，莫大な損失を被る結果となった。SCEEは，一連の積極的な対応を通じて，同国規制に適合した該当周辺機器を確保し，不適合品と交換するなどの措置をとった。

これは結果的に日本の電子産業界に大きな衝撃を与えた。ヨーロッパやイギリスでは2000年以後，WEEE指令，RohS指令，REACH規制などの環境規制を行っている。これらの規制にいかに対応するかという課題は，実際にヨーロッパ地域で事業活動を営んでいる日本の電機，電子，化学，自動車業界においては死活問題に直結する。これらの指令や規制を皮切りに，重金属の混入を規制する動向が世界中に拡大した。

※）「ヨーロッパにおける一部ソニー製品の自主的出荷停止発表について」（https://www.sony.com/ja/SonyInfo/csr/news/2002/02.html），2023年8月14日閲覧。

📖 話し合ってみよう！

1. 重金属混入問題をめぐるソニーの責任とは何か。
2. サプライチェーンの中で問題が発生した場合，ソニーと調達先のどこに責任の所在はあるか。
3. WEEE 指令，RohS 指令，REACH 規制などの環境規制の具体的な内容は何か。

まとめ

◎第 1 に，温室効果ガスの排出などに代表される地球環境問題への対処は，現代企業には避けて通れない課題である。

◎第 2 に，環境経営の主体として取締役会の重要性が問われる中，独立社外取締役と女性役員の役割が注目されている。

◎第 3 に，環境経営における理論的な枠組みとして資源環境モデルがある。これは根源的に自然空間と社会空間を循環する仕組みである。

【注】

1）近年「地球温暖化」（global warming）の問題は，地球規模でのさらなる気温上昇を理由に「地球沸騰化」または「地球灼熱化」（global boiling）という表現を使用する場合もある。

2）経済団体連合会が発表した「経団連地球環境憲章」については，https://www.keidanren.or.jp/japanese/policy/1991/008.html を参照すること。

3）RBA については，RBA のホームページ（https://www.responsiblebusiness.org/）を参照すること。

4）「イオンサプライヤー行動規範」（https://www.aeon.info/sustainability/social/coc/），2023 年 8 月 14 日閲覧。

5）環境配慮型製品については，「環境配慮型製品の国際展開」（環境省ホームページ，https://www.env.go.jp）を参照すること。

6）OECD 統計「上場企業の女性役員と上級管理職におけるダイバーシティ強化」（Enhancing gender diversity on boards and in senior management of listed Companies）」（https://www.oecd-ilibrary.org/docserver/4f7ca695-en.pdf?expires=1691555760&id=id&accname=guest&checksum=6878B23A9C3B9DE53C1881A955E86AF5）2023 年 8 月 9 日閲覧。

7）「トヨタサステナビリティ方針」（https://global.toyota/jp/sustainability/esg/environmental-policy/），2023 年 8 月 10 日閲覧。

8）環境産業の定義については，環境省のホームページ（https://www.env.go.jp/press/109722_00002.html，2023 年 8 月 10 日閲覧）を参照すること。

9）「環境ビジネスの動向把握・振興方策等に関する報告書の公表について」（https://www.env.go.jp/press/111221.html）2023 年 8 月 15 日閲覧。

参考文献

宇治梓沙『環境条約交渉の政治学』有斐閣，2019 年。

大野高裕・葛山康典・山下洋史「コスト尺度に基づく新たな企業評価規準の提案」『日本経営工学会誌』日本経営工学会，第 43 巻第 3 号，1992 年，208-209 ページ。

小澤彩子「取締役会の性別構成と環境情報開示」『経済経営研究』日本政策投資銀行設備投資研究所，Vol.42 No.1，2021 年，20-25 ページ。

国部克彦『環境会計』新世社，2000 年。

佐久間信夫・鈴木岩行編著『現代企業要論』創成社，2011 年。

鈴木幸毅『環境経営学の確立に向けて』税務経理協会，1999 年。

林順一「日本企業の役員や管理職のダイバーシティが CSR 調達や CSR 監査に与える影響」『ビジネス・マネジメント研究』第 18 巻，2022 年，pp.1-17。

林順一「取締役会の構成が温室効果ガス排出量削減に与える影響に関する一考察」『日本経営倫理学会誌』日本経営倫理学会，第 30 巻，2023 年，pp.89-102。

文載皓「CSR とグリーン調達」田中信弘・木村有里編著『新版・ストーリーで学ぶマネジメント―組織・社会編』文眞堂，2019 年。

Clarkson, P. M. and Li, Y., and Richardson, G. D., Vasvari, F. P. (2011), "Does it really pay to be green? Determinants and consequence of proactive environmental strategies", *Journal of Accounting and Public*, 30, pp.122-144.

Haque, F. (2017), "The effects of board characteristics and sustainable compensation policy on carbon performance of UK firm", *The British Accounting Review*, Vol.49, pp.347-364.

Harjoto, M., Laksmana, I. and R. Lee (2015), "Board Diversity and Corporate Social Responsibility", *Journal of Business Ethics*, Vol.132, pp.641-660.

Hillman, A. J., and Shropshire, C. and Cannella Jr., A. A., (2007), "Organizational Predictors of Women on Corporate Boards", *The Academy of Management Journal*, Vol.50, No.4, pp.941-952.

Horwitz, S. K. and I. B. Horwitz (2007), "The Effects of Team Diversity on Team Outcomes: A Meta-Analytic Review of Team Demography", *Journal of Management*, Vol.33, No.6, pp.987-1015.

Jhunjhunwala, S. and Mishra, R. K. (2012), "Board Diversity and Corporate Performance: The Indian Evidence", *The IUP Journal of Corporate Governance*, 11-3, pp.71-79.

Luo, L. and Tang, Q. (2021), "Corporate Governance and Carbon Performance: Role of Carbon Strategy and Awareness of Climate Risk", *Accounting and Finance*, Vol.61, No.2, pp.2891-2934.

Peters, G. F. and Romi, A. M. and Sanchez, J. M. (2014), "Does the Voluntary Adoption of Corporate Governance Mechanisms Improve Environmental Risk Disclosures? Evidence from Greenhouse Gas Emission Accounting", *Journal of Business Ethics*, Vol.125, pp.637-666.

第11章　テレワークと企業倫理

学習目標
1. コロナウィルス感染症パンデミック下におけるテレワークの意義について明らかにする。
2. テレワークのメリットとデメリットについて取り上げる。
3. テレワークの実践をめぐる倫理的課題について検討する。

第1節　テレワークの意義

　近年のコロナウィルス感染症（以下，COVID-19とする）の全世界的な蔓延は，私たちの実際の生活だけでなく，実にあらゆる分野にまで大きな影響を及ぼしている。これは全人類が2000年代以後発生したさまざまな変化や危機的状況，それらの状況から脱却するための新たなノーマル（日常）が必要であることを意味している（Sunday et al., 2020）。

　このような動向の中で，テレワーク（telework）は，安倍前政権が掲げたテーマの1つであった働き方改革と関連する非常に重要な社会的課題の1つでもある。このテレワークは，しばしば「リモートワーク（remote work）」あるいは「スマートワーク（smart work）」と言われたりもする。前者は「一企業の固定チームにフルタイムまたはパートとして働きながら，社外，主に在宅で勤務する形態」のことを意味するのに対し（サザーランドら，2020），後者は単に熱心に職務を行うという意味のハードワーク（hard work）と対照される概念であり，既存のユビキタスネットワークの概念に「スマート」という発想を取り入れたものとして認識されている（文，2022）。

　さらに，グローバル化，少子高齢化，労働力流動化や多様化など経営環境の変化する中，ワークライフバランス（work and life balance，以下，WLBとする）を

いかに実行するかについての関心も高まっている。職務の要求度（仕事量・時間・職務に要求される緊張度など）や職務遂行上認められる自己裁量権の有無がWLB にいかに影響しているかについての研究も盛んである（藤本，2009；渕上・杉田，2021）。このような課題を打開する方策として注目されているものがテレワークでもある。しかし，上述したようにテレワークの利用はかつて IT 業種，デザインや出版業，コールセンターの相談業務などで一部の分野に限定されていた。

　仕事の未来を理解し，組織の中で働いている従業員に対し，彼らのエンゲージメントを効果的に引き出すために必要なものに，組織の「脱構築（decon-struction）」と「再構築（reconstruction）」がある（Jesuthasan, R. and Broudreau, J., 2022）。ここでいう組織の脱構築とは，「仕事の内容を見直して，タスク（業務やプロジェクト）と人（能力やスキル）を分解することであり，その仕事をしている人を能力やスキルの観点から捉えなおすこと」である。これに対し，再構築とは「分解した仕事（タスクやプロジェクト）と人（能力やスキル）を組織の創造や所属にとらわれず，新しく最適なかたちの組み合わせに変えること」を指す。すでにその進展が著しいワーク・オートメーション（人工知能やロボット）やオルタナティブな就労形態（ギグワークなど）が見られる中でこれらの組織の脱構築と再構築の努力は必要不可欠である。特に，今後職務を取り巻く経営環境の変化が予測される中で，従来の雇用形態に捉われない新たな動向も台頭しつつある。

　そのような状況が続く中，2020 年度から本格的に拡大し始めたコロナウィルス感染症の脅威は，企業の存続が試される重要な要因となった。日本で「在宅勤務」ともいわれているテレワークについては，近年，経営学はもちろん，行政学，法学，情報学の分野においても実に多岐にわたって議論されている。経営学の分野でテレワークに関する研究は，インターネットが普及し始めた 90 年代以前から行われている（Hamilton, C. A., 1987; Metzer, R. O. and Von Glinow, M. A., 1988）。

　まず，テレワークの定義から検討する。オバマ政権下の 2010 年に施行された米国の「テレワーク強化法（U. S. Telework Enhancement Act of 2010）」の定義によれば，テレワークとは，「指定された勤務地の職場以外で承認された場所から従業員が職務と責務を果たすために容認された柔軟な勤務調整（work flexibility arrangement)」と言われている（Caillier, J. G., 2013）。

　テレワークについては，日本テレワーク協会の分類が有効である[1]。同協会の区分によれば，働く場所によって，自宅利用型テレワーク（在宅勤務），移動中や移動の合間に行うモバイルワーク，サテライトオフィスやコワーキングスペースといった施設利用型テレワークのほか，リゾートで行うワーケーションも含めてテレワークと総称している（日本テレワーク協会，2023）。情報技術や通信技術の急激な進展が見られた1990年代以後，企業経営におけるテレワークの適用可能性がIT技術者やコピーライターなどの専門職を中心に一部の分野において試されていた。日本では1991年1月に設立された日本テレワーク協会を中心に，2021年現在で422団体（正会員158団体，自治体172団体，賛助会員330団体）が活動している。

　さらに，2019年4月に施行されている働き方改革の目指すいくつかの課題，すなわち長時間労働の是正，多様で柔軟な雇用形態，雇用形態に限定されない公正な待遇の確保のように「健康経営（healthy company）」に従業員の健康問題に注目している（津野・尾形・古井，2018）。

1　労働生産性

　テレワークが本格化した1990年代に入ってからは，主にテレワークがもたらす「正」の側面，すなわち生産性の向上，コスト削減，職務満足，WLVを促進するフレキシビリティ，チームワークの向上，可用性（availability）の向上，分野が異なる人々間の相互作用などについて考察された（Ferreira et al., 2021）。一方，テレワークの有する「負」の側面についても研究が行われてきた。具体的には，テレワークの属性から自然に生成される，孤立感，相互作業の不在，業務負担の増加，技術依存性の問題，職務遂行の時間の問題，監視，職場・家庭・個人間の生活のバランスの問題，作業者の収入の未確定の問題など活発な研究がなされた。

　さらに，テレワークを促進する諸要因（driving forces）としては技術，協力性の向上，組織的かつ個人的な戦略的思考（strategic thoughts），組織文化や社会的勢力（societal forces），柔軟性（flexibility），技術的優位性（technical competence）

とコミットメント，事業依存性のモビリティ（mobility）の管理，経済的な収益（economic benefit），付加価値（added value），そして政府からの支援などが必要とされているという（Ferreira et al., 2021）。

　次に，リモート作業を行っている従業員に対して，企業側には従業員をコントロールする方法の変更が生まれる。すなわち，従来行われてきた「行動をベースにしたコントロール（behavior-based controls）」から，「成果物をベースにしたコントロール（output-based controls）」への変更を余儀なくされる点がテレワークの特徴として挙げられる（Gajendran, R. S. and Harrison, D. A., 2007）。

　労働生産性とテレワークとの相関については，適切なテレワーク時間の設定が労働生産性を向上させる。適切なテレワーク時間より長く設定された場合，労働生産性は低下する。テレワークは生活上の満足感を向上させ，そしてその向上した満足感は労働生産を向上させることがわかった。しかし，日本政府が想定した結果と異なって，テレワークは職務と家事との間でバランスをとらなければならないなどのストレスが伴う。幸い，そのストレスは直接的に労働生産性を低下させたりはしないという結果となっている。

　第3に，通勤する人が電車やバスでの通勤に1時間以上かかる場合，テレワークは労働生産性の向上に効果的であるという認識である。さらにテレワークは，残業や日常の雑用など思わぬ事態が発生する義務に対しても助けとなるかもしれない。

2　社会交換理論

　一方，組織と従業員との関わりを「交換」という概念で分析する社会交換理論（social exchange theory）からのアプローチもある（Lambert, S. J., 2000; Julien, G. and Fiona, D., 2005）。企業が従業員たちに柔軟な労働時間と労働場所をテレワークプログラムとして提供することは，従業員たちにそれらを WLB として認識させる。結果的に，そのプログラムを提供した彼らの上司と従業員たちに対して同時に高水準の職務満足感が与えられるという認識にもつながる。

　NEC グループ企業の働き方に関する調査では，テレワークの導入が従業員の well-being に影響を及ぼす重要な要因であること，テレワークの実施により動機

190

づけの向上や感情の安定，仕事への集中力向上に肯定的な影響を及ぼしていることがわかった（渋谷・吉田，2019）。ここでいう well-being とは，「幸福で健康な心理状態」を指す。これは WTO が最も重視する理念的概念であり，セリグマンら（Selligman, M. E. P. and Steen, T. A. and Peterson, C., 2005）によって主張された中心概念である。

第2節　テレワークにおける業務成果決定要因

　さらに，テレワークにおける業務成果を決定づける諸要因についての研究も盛んである。図表11－1が示しているように，業務成果を決定する諸要因は，情報システムの視点，相互作用的な視点，個人的視点，制度的視点から成り立っている。

図表 11 － 1　テレワークにおける業務成果決定要因

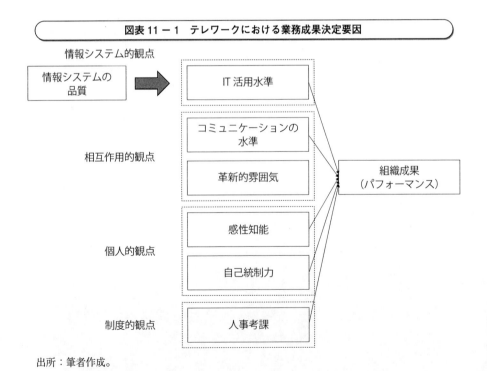

出所：筆者作成。

　まず，情報システムの視点は，情報システムの品質や従業員の情報技術活用レベルに関する視点からのアプローチである。テレワークは，デスクトップパソコンの仮想化（VDI），UC メッセンジャー（画像会議のツール），モバイルオフィス，VPN（仮想施設網），スマートワークセンターなど IT インフラを利用して事務室の上司や同僚と離れた空間での業務が遂行可能な状態のことをいう（DeLone, W. H. & Mclean, E. R., 2002）。さらに，これらを利用する人々は情報システムをよく理解し活用することが要求される。したがって，テレワークの業務成果を左右する要因として，情報システムの品質や利用者の情報技術活用水準が非常に重要であろう。

　第2に，相互作用的な視点についてである。これは遠距離勤務，在宅勤務を可能にするための密接なコミュニケーションや既存の価値観に囚われない革新的な雰囲気に関連するものである。組織の業務は，組織成員間の緊密な協業を通して行われる。これは特に上司からの指示やそれへのフィードバックが必要とされ，場合によっては同僚からの情報共有とも関連する問題である。高い水準のテレワークが遂行されるためには，組織成員間の円満なコミュニケーションとそれらを支える革新的雰囲気が重要である（Van Gundy, A. D., 1984）。しかし，近年のイーロン・マスク氏の発言にも見られるように，上司が部下に対して対面で業務指示を選好する組織文化は未だに根強い。

　第3に，個人的視点についてである。これはテレワークの業務特性上，指示型から自律型への変更が余儀なくされるため，遠く離れた空間で生じやすい自分や他人の感情的変化を相互に理解し，調整する感性力（Salovey, P. & Mayer, D., 1990）や，自己統制力（Kirk, N. & Logue, A. W., 1996）が必要とされる観点である。テレワークの参加者は事業所や事務室の外で職務を遂行しなければならないため，上司による指示よりは自律的に業務を遂行することを余儀なくされる。したがって，テレワーク従事者は勤務環境に囚われずに効率的に業務を遂行し，目標を達成するための高水準の自己統制力（Kirk & Loque, 1996）と感性力（Salovey and Grewal, 2005）が問われる。

　最後に，制度的観点についてである。これは，業務を遂行した後どのように評価されるかについてであり，上述した4つの観点の中で最も重要な観点であ

る。人事考課の正確性や公正性はもちろん，客観性や透明性も組織マネジメントにとって重要なテーマである。特に，組織メンバーを観察して評価することは，従来までの人事考課の基本となっている。上司や同僚が被評価者の業務成果および働く様子を観察して評価に反映する傾向が強かった。したがって，テレワークで業務を遂行する従業員は，観察評価の面において人事考課上の不利益を被ることに対して精神的な負担を受ける可能性も高い。

第3節　日本のテレワークの現状と課題

　コロナ禍で日本政府の感染症予防方針の1つとして強制されていたテレワークは，2023年5月8日以後，新型コロナウィルスの感染症法における位置づけが変更されることにより，感染者への待機要請がなくなった。図表11 − 2が示しているように，テレワークの利用率は，2020年4月のピーク時の63.9%から，2023年4月の調査時点では32.6%まで徐々に低下する傾向を見せていることが

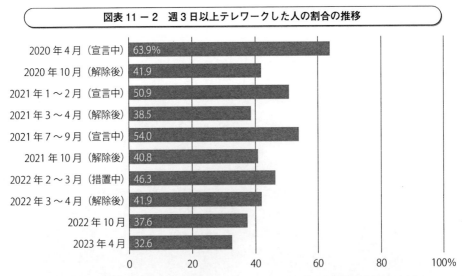

図表11 − 2　週3日以上テレワークした人の割合の推移

	割合
2020年4月（宣言中）	63.9%
2020年10月（解除後）	41.9
2021年1〜2月（宣言中）	50.9
2021年3〜4月（解除後）	38.5
2021年7〜9月（宣言中）	54.0
2021年10月（解除後）	40.8
2022年2〜3月（措置中）	46.3
2022年3〜4月（解除後）	41.9
2022年10月	37.6
2023年4月	32.6

出所：『日経コンピューター』2023年7月6日, 44ページ。日経BP総合研究所イノベーションICTラボより再引用。

明らかになっている[2]。テレワークから出社へと就労形態が変わった最も重要な理由については,「勤務先から出社をもとめられたから」(49.0%),「同僚や取引先, 顧客と直接対話したいから」(26.0%),「出社することで On/Off を区分し, 心身を仕事モードに切り替えたいから」(25.0%),「マスクの着用ルールが緩和され, 外出や出社が当たり前の世の中に戻ったと感じるから」(25.0%),「テレワークの利用をして生産性が下がったから」(14.6%) という順であった。これらの結果は, 従来まで行われてきた「行動をベースにしたコントロール」へ回帰することを意味し,「成果物をベースにしたコントロール」が経営者や管理者側のマネジメント形態として定着していないことを裏付けている。しかし, テレワークという職務形態への従業員自身の不慣れな状況や置かれている経営環境からの影響が強く表れていることも否めない。

　日本においては, 緊急事態宣言前の 2019 年の時点ではテレワークの利用率が 10.3% であったが, パンデミック後の 2021 年 9 月 − 10 月の 32.2% を頂点に, 徐々に低下している傾向を見せているという調査結果もある。東京都などの人口密集地域ではその実施率が最も高く, 地方との大きな格差があり, 結果的にこれらの状況が首都圏と地方の賃金格差の原因の 1 つにもなっている。年収が上昇するにつれて, テレワークの利用率も上昇している傾向は米国と類似である。さらに, 業種別にみると, 情報通信業が最も高く, 電気・ガス・水道業, 金融・保険・不動産業, 製造業という順になっていることがわかった。

　一方, 米国では, 典型的なリモートワーカーは①45 歳以上, ②大学卒業者, ③専門職あるいは管理職に就く給与制の非組合員という特徴を有していることがわかる。彼らの年収は約 5 万 8 千ドルであり, 従業員数が 1,000 人を超える大企業に勤め, その割合も全体の中の上位 80% 程度にまで至っているという状況であった (サザーランド・ジャニーン, 2020)。

　上述したように, テレワークは, 安倍前政権が働き型改革の一環として政策目標の 1 つに掲げるほど注目されていたテーマの 1 つであった。しかし, テレワークをめぐる議論は, 経営現場の経営者と従業員の認識の乖離もあり, 解決すべきさまざまな課題も山積している。特に, テレワークの実行をめぐる法整備が整っていないなどの問題があり, それらの適用の曖昧さがしばしば指摘さ

れている。特にテレワークの実行をめぐる労働問題は，解決すべき緊急事案として知られている。

　国土交通省が2021年にとりまとめた「テレワーク人口実態調査」によれば，テレワークを利用することで以下の問題点が生じた[3]。「仕事に支障が生じる（コミュニケーションのとりづらさや業務効率低下など），勤務時間が長くなるなど，勤務状況が厳しくなった」が約47％と最も比率が高く，「会社の指示で出勤しなければならないから」(25.2%)，「仕事をする部屋や机・椅子，インターネット環境や，プリンター・コピー機などの環境が十分でなく不便だった」(19.2%)，「会社がテレワークに前向きでないから」(14.3%)，「自宅だと家族に気兼ねするから」(10.6%)という順で今後テレワークを実施したくない理由の背景について明らかにした。

　さらに，東京商工会議所が2022年に行った「中小企業のテレワーク実施状況に関する調査」によれば，テレワークの実施効果は「働き方改革の進展」が46.9％で，最も多い理由であるとした[4]。東京都産業労働局（2017，2018，2019）の調査によって明らかになったテレワーク導入率が6.8%，19.2%，25.1%であった状況を勘案すると，コロナ禍でのテレワークの導入率は飛躍的に向上したといえる[5]。

　これに対し，今後のテレワークの実施課題については「情報セキュリティ」(56.6%)，「社内コミュニケーション」(53.6%)，「PCや通信環境の整備状況」(52.1%)という順の結果となった。テレワークが実施できない理由については，「テレワーク可能な業務がない」と「業務の生産性低下」，「社内や取引先とのコミュニケーション」が上位の理由となっていることがわかった。

　このような状況の中で，パンデミック発生後，テレワーク導入によるWLBには男女間の認識の差があることも確認できる（江・石井・大山，2022）。すなわち，テレワーク導入などの新しい働き方は，男性より女性に対して大きな精神的負担を与えていることが注目されている。これらの状況は，COVID-19の発生によって2020年以後突如，企業側にテレワーク導入のための十分な準備期間が設けられない中でさまざまな問題を生じさせる結果となった。良好なWLBの維持を意図するものではなく，パンデミック下において企業は事業継続のためにテ

レワークの導入を強制された点に注目する必要がある。特に「育児や家事は女性の役割」という社会通念が女性に対して職務と生活のバランスの維持を困難にさせ，精神的な負担を強いられるという。さらに，仕事の時間と場所を明確に定めるか否かが，良好な WLB を維持できる条件であることが明らかになっている。言い換えれば，これらの諸条件が整っていないと，女性労働者の精神的負担を重くする大きな原因になるという。結局，テレワーク導入を制度的に許容したとしても，仕事とプライベートな生活をいかに切り分けるかは従業員自身にかかっていることに他ならない。

　さらに，インフォーマルなコミュニケーション不足が孤独感などを誘発する点に注目し，そういった問題を解消する方法について考察した研究もある（小川・高島・西本，2021）。「就業時間があり全員が決まった時間帯に作業をこなす労働環境下では，十分にインフォーマルコミュニケーションを誘発することができる」という。上司や管理者などの監督から自由に行動できるなどの職場環境のメリットの裏には，職務目標のために従業員自らが行動をコントロールしないといけないなどのデメリットもあるからである。

　最後に，組織で働く従業員にはワークモチベーションの維持と再向上が重要になっているが，テレワーク導入後には自己調整（self-regulation）をいかに維持できるかが問われている（池田・縄田・青島・山口，2021）。ここでいう自己調整とは，「内的あるいは外的基準を満たすように自らの心理や行動を調整すること」をいう。

　一方，IT 競争力で日本より上位にランクづけされている韓国においても，コロナ禍でテレワークに関するさまざまな問題や課題を抱えている（文，2022）。韓国のテレワークに関する研究は 1980 年代後半から始まったが，主に 2010 年代から本格的に行われたことがわかった。特に，少子高齢化の急速な進行，女性の社会参加率の低下，WLB，労働力の多様化などに対応する重要な手段としてさまざまな試みがなされているものの，近年では労働法など法整備の面において今後解決すべき課題が山積している。

ケースで学ぶ　ファミリーマートと小学館で発生した情報漏洩事件

　コロナ禍のテレワークによる作業が続く状況で，情報漏洩事件が多発している。ここではファミリーマートと小学館の事例について紹介する。まず，ファミリーマートでは，2023 年 3 月に従業員の個人情報が入っている PC を紛失したと発表した。盗難された PC には，従業員の氏名，口座番号，保険加入状況と，複数店舗の個人情報が保存されていることが明らかになった。同社の社員が盗難事件に遭遇したのは，重要な情報が入っている PC を所持したまま直帰しなかったことが主な原因であった。同社員の説明によると，その PC をロッカーに預けていたが，結局ロッカー設備での盗難については責任を負わせることができず，PC を預けた本人の個人責任が追及される結果となった。

　次に，2023 年 4 月小学館では，同社取締役の業務用スマートフォンから 302 人分の個人情報が漏れていたことがわかった。この事件は，配達業者を装った不正アクセスが主な原因であった。同取締役が所持していた顧客情報がそのまま第三者に流れていた事が明らかにされている。

　フィッシングメールやスパイウェアをメールなどに巧みにもぐり込ませた上で大量のメールで送信する手口で行われているため，最新の事件・事故の事例についてリアルタイムで注意を促したり，情報リテラシー教育を定期的に行ったりするなどの全社的なレベルでの対策が必要不可欠である。VPN 機器を含む各種管理者アカウントのパスワードの定期的な変更，サーバ領域も含めた不正アクセス検知システム（XDR）の導入などがしばしば行われている。しかし，ますます巧みになっている不正アクセスに対応するためには，全社的なレベルでネットワークシステム全体を見直し，性能の高いセキュリティ環境を整えることが必要とされている。

📖 話し合ってみよう！

1. 2 つの事件が発生した背景とその主な原因について検討する。
2. 情報漏洩の事件を事前に防ぐための再発防止策について話し合う。
3. 2000 年以後，日本の企業において発生した不正侵入による被害額について調べよう。

まとめ

◎テレワークは，時間的かつ空間的な制約がある環境に対し，働き方改革の１
つの手段として注目されたが，パンデミック以後の政府の方針などによる強
制的な執行が見られた。

◎テレワークは，生産性の向上，コスト削減，職務満足，WLB を促進するフレ
キシビリティ，チームワークの向上，可用性（availability）の向上，分野が異
なる人々間の相互作用などの「正」の側面がある。しかし，孤立感，相互作
業の不在，業務負担の増加，技術依存性の問題，職務遂行の時間の問題，監
視，職場・家庭・個人間の生活のバランスの問題，作業者の収入の未確定の
問題などの「負」の側面もあることが明らかになっている。

◎日本におけるテレワークの利用は，パンデミックの始まった 2020 年をピーク
に半分近くの職場で制度的な利用が確認できたが，その後徐々に低下する傾
向を見せている。しかし，女性に対する精神的負担の増加，インフォーマル
なコミュニケーション不足による孤独感などをいかに解消するかという問題
が指摘されている。

【注】

1）日本テレワーク協会（https://japan-telework.or.jp/），2023 年 8 月 15 日閲覧。

2）『日経コンピューター』2023 年 7 月 6 日，41-49 ページ。

3）国土交通省「令和 2 年度テレワーク人口実態調査―調査結果―」（https://www.mlit.
go.jp/toshi/daisei/content/001392107.pdf），2023 年 8 月 15 日閲覧。

4）「中小企業のテレワーク実施状況に関する調査」（https://www.tokyo-cci.or.jp/page.
jsp?id=1029703），2023 年 8 月 15 日閲覧。

5）「テレワーク実施率調査結果」（https://www.metro.tokyo.lg.jp/tosei/hodohappyo/
press/2022/11/16/04.html），2023 年 8 月 15 日閲覧。

参考文献

池田浩・縄田健吾・青島未佳・山口裕幸「テレワークのもとでの自己調整方略：自己調整方略の効果とそれを醸成する上司からの被信頼感」『産業・組織心理学研究』第35巻第1号，2021年，61-73ページ。

小川和也・高島健太郎・西本一志「Commidor：テレワーク状況における インフォーマルコミュニケーションを誘発する仮想廊下」『情報処理学会研究報告』第113巻第9号，2021年，1-7ページ。

江聚名・石井僚・大山拓也「テレワークの場所と時間の確定がワークライフバランスを介して精神的健康に及ぼす影響」『心理学研究』第93巻第94号，2022年，311-319ページ。

津野陽子・尾形裕也・古井祐司「健康経営と働き方改革」『日本健康教育学会誌』Vol.26 No.3，2018年，291-297ページ。

藤本哲史「従業者の仕事特性とワーク・ライフ・バランス」『日本労働研究雑誌』Vol.583，2009年，14-29ページ。

渕上ゆかり・杉田菜穂「大学教員のワーク・ライフ・バランス実態と求められる職場環境改善支援」『日本教育工学会論文誌』第44巻第4号，2021年，409-418ページ。

文載皓「韓国企業のテレワークの現状と課題」『常葉大学経営学部紀要』第9巻第2号，2020年3月，41-47ページ。

リセット・サザーランド／カースティン・ジャニーン＝ネルソン著・上田勢子・山岡希美訳『リモートワーク　チームが結束する次世代型メソッド』明石書店，2020年。

Caillier, James Gerard (2013), "Satisfaction with Work-Life Benefits and Organizational Commitment/ Job Involvement: Is There a Connection?", *Review of Public Personnel Administration*, Vol.33, No.4, pp.340-364.

DeLone, W. H. & McLean, E. R. (2002), "Information Systems Success Revisited", System Sciences, HICSS. Proceedings of the 35th Annual Hawaii International Conference, pp.2966-2976.

Ferreira, Rafael and Pereira, Ruben and Bianchi, Isaías Scalabrin and da Silva (2021), "Decision Factors for Remote Work Adoption: Advantages, Disadvantages, Driving Forces and Challenges", *Journal of Open Innovation*, Vol.7, No.70, pp.1-24.

Gajendran, R. S., & Harrison, D. A. (2007), "The Good, the Bad, and the Unknown about Telecommuting: Meta-Analysis of Psychological Mediators and Individual Consequences", *Journal of Applied Psychology*, Vol.92, pp.1524-1541.

Gundy, Van (1987), *Managing Group Creativity: A Modular Approach to Problem Solving*, American Management Association.

Hamilton, C. A. (1987), "Telecommuting", *Personnel Journal*, Vol.66, pp.90-101.

Jesuthasan, R. and Boudreau, J. (2021), "Work without jobs: We need a new operating system build on deconstructed jobs and organizational agility", *MIT Sloan Management Review* (Spring), pp.1-5.（松見純子・塩澤美緒・逸見勇貴訳『仕事の未来×組織の未来』ダイヤモンド社，2023 年。）

Julian, G., and Fiona, D. (2005), "Using Social Exchange Theory to Predict the Effects of HRM Practice on Employee Outcomes", *Public Management Review*, Vol.7, pp.1-24.

Kirk, N. and Loque, A. W. (1996), "Self-Control in Adult Humans: Effects of Counting and Timing", *Learning and Motivation*, Vol.27, No.1, pp.1-20.

Lambert, S. J. (2000), "Added Benefits: The Link Between Work–Life Benefits and Organizational Citizenship Behavior", *Academy of Management Journal*, Vol.43, No.5, pp.801-815.

Metzer, R. O. and Glinow, M. A. Von (1988), "Off-Site Workers: At Home and Abroad", *California Management Review*, Vol.30, No.3, pp.10-16.

Sunday, M. and Ogaboh, A. M. and Chi, Daniel Jr (2020), "COVID-19 Pandemic and Workplace Adjustments/ Decentralization: A Focus on Teleworking in the New Normal", *Broad Research in Artificial Intelligence and Neuroscience*, Vol.11, No.4, pp.185-200.

Salovey, P. and Grewal, D. (2005), "The Science of Emotional Science", *Psychological Science*, Vol.14, No.6, pp.281-285.

Seligman, M. E. P. and Steen, T. A. and Peterson, C. (2005), "Positive Psychology Progress; Empirical Validation of Intervention", *American Psychology*, Vol.60, No.50, pp.410-421.

VanGundy, A. B. (1984), "Brain Writing For New Product Ideas: An Alternative To Brainstorming", *Journal of Consumer Marketing*, Vol,1, No.2, pp.67-74.

第12章　情報化と情報倫理

学習目標

1　昨今の情報化の動向について取り上げる。
2　必要とされる情報倫理の新たな仕組みについて明らかにする。
3　AI倫理の意義について検討する。

第1節　情報化または情報化社会の到来

1　情報化の動向

　現代は情報化の時代といわれているが,「第3の波」のアルビン・トフラー,脱工業化社会のダニエル・ベル,「ネクスト・ソサイエティ」のピーター・ドラッカーなど過去において実に数多くの未来学者たちが情報化の到来を予測している。これらの動向は,蒸気機関によって成し遂げられた産業革命の如く,情報技術と通信技術によって「情報革命」(information revolution) と表現できるほどの大変革が見られていると主張する人たちもいる[1]。情報機器の機能の画期的な向上とともに,SNSなどに代表される通信機能の変革も日々目まぐるしい。

　日本における情報化も目まぐるしく進展し,しかもそれらの情報通信機器も年々多様化する傾向を見せている。総務省によれば,2021年度のインターネット利用者数は1億人を超え,人口の82.9％の人々が情報化の恩恵を受けていることがわかる。2020年度の情報通信産業の名目GDPは51兆円に至っており,同年度の民間企業の設備投資の全体比率の中で17.8％も占めていることが明らかになっている。また,このような情報化の需要があることから,情報化に関連する産業の市場規模も,全産業に占める割合が平成25年現在で8.7％に達している。したがって,情報化に関連する産業重要度がどれほど高いかを示すも

図表 12 − 1　ソーシャルメディアと代表的なサービス例

種　　　類	サービス例
ブログ	アメーバブログ，ココログ，Seesaaa ブログ，ライブドアブログ
SNS（ソーシャル・ネットワーキング・サービス）	Facebook，Twitter，mixi，Instagram，LinkedIn
動画共有サイト	YouTube，ニコニコ動画，ツイキャス，Vine
メッセージングアプリ	LINE，WhatsApp，Viber，WeChat
情報共有サイト	価格コム，食べログ，クックパッド
ソーシャルブックマーク	はてなブックマーク

出所：総務省ホームページ（https://www.soumu.go.jp/）2023 年 4 月 4 日閲覧。

のと考えられる。

　さらに，図表 12 − 1 が示しているように，平成 27 年度に総務省が行った「ソーシャルメディアと代表的なサービス例」によれば，ソーシャルメディアは，SNS，動画共有サイト，メッセージングアプリ，情報共有サイト，ソーシャルブックマークに大別される。このデータが示しているように，実に数多くのソーシャルメディアが存在していることがわかる。

2　情報化とは

　情報化の概念に触れる前に，データ，情報，知識の関係について整理したい（遠山・村田・岸，2015）。

　まず，データ（data）とは「世界の状態の観察」あるいは「いずれ情報になる生の事実・材料」であって，「それらの個々の事実や材料の間には，なんら関係づけがなされていないもの」である。次に，情報（information）とは「受信者自身によって，ある目的のもとで意味があるものとして解釈・評価されたデータ

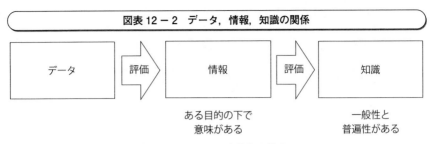

図表 12 - 2　データ，情報，知識の関係

データ　評価⇒　情報　評価⇒　知識

ある目的の下で
意味がある

一般性と
普遍性がある

出所：遠山・村田・岸（2015），12 ～ 15 ページを筆者が整理。

（メッセージ）」とされている。要するに，情報の送り手と受け手によって評価されないデータは情報の範疇に入らないことになる。

　そして知識（knowledge）とは「情報の中から一般性・普遍性があるものと評価されて，貯蔵されたもの」を指す。すなわち，いくら情報があっても一般性や普遍性の面で評価されないために貯蔵されない情報は知識として保管されない運命になるであろう。ということで，データ，情報，知識という 3 者間の関係は，図表 12 - 2 が示しているようになる。

　次に，情報化の進展は，狭義の情報化と広義の情報化に大別される。まず，狭義の情報化とは，「技術革新の結果，各種の情報をより広範，より迅速，かつ低コストで収集・伝達することにより，従来までは捉えきれなかった様々な事柄を的確に把握できるようになっていること」（宮澤，1988）を指す。そして広義の情報化とは，「既に過去にもあったものであり，科学的技術の進歩を核の一つとして含んだ，組織と組織との連結，あるいは人と人との結びつきに見られる新しい関係の在り方である」（今井，1988）ことをいう。要するに，近年の情報技術と通信技術における技術進歩の次元で情報化を説明する場合は，狭義の次元にあたる。しかし，口頭，手紙，電報に例えられるように，情報化を関係の連携という視点から考える場合は，すでに情報化の動向は大昔からの進行上にあるため，その範疇で考えることができるという。

　例えば，「ドイツ連邦政府が自国の製造業のさらなる振興を図る目的で策定した，科学技術イノベーション戦略の中で掲げられた未来プロジェクトの一つで，モノづくりと情報技術を繋ぎ合わせる構想」（Kagermann et al., 2013）を意味する

第4次産業革命の場合は狭義の情報化の見方であろう。

　情報通信技術は，以下の3つの機能を果たすという（スコット・モートン，1995）。情報技術が単位当りにより多くの情報を送ることと，その伝達費用を大きく低下させることができることをいう「電子的伝達効果」，コンピューターを仲介者としてより多くの潜在的な売手と買手に接触できることを指す「電子的仲介効果」がある。そして買手と売手が情報技術を利用して相互浸透的なプロセスを作り出す時に味わう効果のことを意味する「電子的統合効果」がある。CPU1個当りに使用されるトランジスタ数の推移を見ると，30年間で100万倍以上増加した。要するに，これはハードディスクの1ギガにかかる購買費用が1/1億に低下していることを意味する。さらに，国領（1995）によれば，情報ネットワークの機能には，ビット（01信号）の羅列を映像，音声，文字など人間に識別可能で操作に便利な形態に変換する機能である「メディア機能」，ビット（01信号）を任意の地点間に流れるように制御する機能である「ネットワーク機能」，そしてケーブル，電波などの物理的な情報伝達媒体を利用してネット・ノードを結ぶ機能を意味する「アクセス機能」があるという。

　情報化がもたらす効果として取り上げられるのが取引コストの節約である。ここでいう取引コストには，新しい相手を探す費用である「探索費用」，問題があったら調整する費用である「調整費用」，取引相手を変える費用である「変更費用」，相手の信頼を得るためにかかる費用である「信用形成費用」がある。この取引コストは，限定された合理性や機会主義などの人間的要因と，複雑性・不確実性，少数性などの環境的要因によって発生する。

　ICTはノーベル経済学賞受賞者の1人であるサイモン（Simon, H.）などによって提唱された「限定された合理性」を補完する効果を有するという。ここでいう「限定された合理性」とは，本来人間が有する知識や処理能力に関する認知能力には限界があることが原因で完全な合理性を持たないことを意味するが，しばしばそれが原因で情報処理能力の不完全さが発生していると思われている。いずれにせよICTの進展によって，これらの人間の有する不完全な合理性を補完することが期待できるという。近年では，さらにAI（artificial intelligence, 人工知能）の機会学習や深層学習などによって，さらに人間の情報処理能力を補うこ

とが可能になっている。

　しかし，AIの進化が人間の雇用に「負」の影響を及ぼすのではないかと批判的に捉えている傾向がしばしば見受けられる。さらに，後述するように，情報化の進展により，従来想像もできなかったサイバー犯罪などの問題も生じ，それらへの対応策として情報倫理体制や情報倫理教育などが重要な課題となっている。

第2節　必要とされる情報倫理の新たな仕組み

　情報倫理という分野は，応用倫理学の1つの分野として未だに萌芽期の段階に留まっており，今後の進展が期待される最も新しい学問の1つとして知られている。上述したように，1990年代以後の情報機器や通信機器の急激な発展は，ある意味でその利用をめぐる新たな可能性や課題を含んでおり，かつては考えられなかったさまざまな様相を呈している。変革という面においては，歴史的に農業革命，産業革命に次ぐ新しい段階として情報革命と名付ける研究者すらいる。この情報革命については古今東西さまざまな人々によって論じられているが，代表的な人物には第3の波が押し寄せてくるのを予言したアルビン・トフラー（Toffler, Alvin），脱工業化社会の到来を主張したダニエル・ベル（Bell, Daniel），ネクスト・ソサイエティを予言したピーター・ドラッカー（Drucker, Peter）などがいる。

　一方で，情報革命という新たな変化とともに生じたさまざまな課題に備えて，情報倫理という領域を創設したのがノーバート・ウィーナー（Wiener, N.）である（村田，2010）。ウィーナーは，1950年代に書いた著書 'The Human Use of Human Beings' において，人間が情報技術にますます依存する傾向を見せ，結果的にそれが失業を生み出すという当時としては衝撃的な議論を展開した。さらに，情報倫理という研究分野は，初期の段階においては哲学と倫理学の応用分野と認識されたが，現在では哲学，倫理学，工学，組織学，法学など多様な分野に跨る学際的な色彩が濃くなっている。村田（2010）によれば，情報倫理が学問としての地位を確立したと思われるのは，ムーア（Moor, J., 1985）の論文

「コンピューター倫理とは何か」（'What is computer ethic?'）の発表以後であるという。彼の論文では，コンピューター倫理という用語を取り上げ，コンピューター技術が本質的に社会に影響を及ぼすことを主張している。村田は情報倫理研究において，情報技術の開発と利用の面で企業が有する役割の大きさについて強調している。

　ムーア（Moor, J. H., 1985）はコンピューター倫理の典型的な問題を「ポリシーの真空状態」（policy vacuum）と指摘し，コンピューター技術を倫理的に利用するためにはポリシーの形成と正当化をいかに行うかが重要であるという（村田編，2004）。村田らによれば，ここでいうポリシーとは，「われわれの行動のあり方を規定する，あるいは導く原則ないし指針であり，ルールあるいはコードを含む概念である」という。ムーアは，コンピューター倫理について，既存の倫理理論を機械的に当てはめて適切なポリシーを作成し，適用することが不可能であることを指摘している。その根本的な問題として取り上げられている「概念の混乱」が生じるからであるという。したがって，概念規定の重要性が問われているという。

　しかし，村田（2004）は，国家競争力を発展または維持するためには，ICT の活用が必要不可欠であるとし，日本では「e-Japan 戦略」が立てられているという。しかし，その e-Japan 戦略の中で重要視されているマナー教育またはエチケット教育と倫理を混同するような動きがあり，その明確な区分が不可欠であると主張している。さらに，村田・折戸（2021）によれば，情報倫理とは，「情報通信技術（ICT : Information and Communication Technology）の開発や利用，すなわちコンピューティングの実践，ならびに ICT ベースの情報システムと情報サービスの社会・経済への普及・浸透に伴って発生する倫理問題をその考察の対象とする学際的な研究と実践の取組みである」という。また，情報倫理が現代社会において重要な課題になっている理由について，ICT が他の技術にはない浸透性を有し，ICT のグローバル性（global reach）を反映して広い範囲にわたっているほど，人間の存在と社会のあり方に看過できないほど大きい影響をもたらしてしまうからであるという。

　フロリディら（Floridi, L. and Capurro, R. and Ess, C., 2007）によれば，デジタル

ICT が単にビジネスを遂行する道具として利用されるだけでなく，その中で人間の生活や消費活動が行われているという点を指摘している。要するに，21 世紀にはデジタル ICT に支えられた情報的世界観を前提に，社会的な価値観を考察しなければならないという。そういった意味で，新たな時代に適合する普遍倫理が必要であるという。彼らの興味深い世界観は，「万物は情報的な存在物であり，それらを形成しているのは情報圏（infosphere）」であるという。彼らの主張する「善」とは，情報圏の中のあらゆる存在物を尊重し反映させることに他ならない。

　さらに，彼は倫理問題と ICT の開発，利用，そして浸透の問題が密接に関わり，社会全体として対応しなければならなくなった際に，それを情報倫理としていかに取り組むかという社会的ニーズが発生するという。特に，人間が情報と関連する行為全般を指す「情報行動」と，自分の考えや意思の内容自体に対して相手の自由な発想や承認を求める「コミュニケーション行為」という社会の諸機能をなす部分に ICT は重要な役割を果たしている。

　一方で，2000 年代に入り，AI の 3 次ブームが起きている今日，AI をめぐる議論も飛び交っているのが現状である。AI の有する技術的な進歩とその利用をめぐる AI 倫理の課題がその代表的な例であろう。結局，AI を開発し利用するのは人間であるという事実は否めないし，その事実はあえて人間の生活に失業などの「負」の影響を及ぼすかもしれない。例えば，近年，日本だけでなく，世界中で話題になっている生成 AI であるチャット GPT（Chat GPT）の有効な利用と，その悪用の制限に対する議論は後を絶たない。

　情報化また情報ネットワークの進展は，企業経営を様変わりさせる大きな要因となっている。一方で，近年，個人情報保護法の制定にみられるように，日本では SNS やビッグデータなどさまざまな ICT を活用することによって，期待される利便性とは裏腹に，さまざまな社会的事件の発生などの諸問題にも直面している。ここでいう個人情報保護法とは，氏名・住所・電話番号・性別など個人を識別できる情報を取り扱っている企業や団体，自治体に対して適切な取り扱い方を定めた法律のことをいう。同法律は，最初は 2005 年に制定されたが，2016 年に改定された。この法律の主な目的は，個人の権利や利益の保護と

個人情報の有用性という 2 つの柱をいかにバランスよくとるかにある。近年では個人情報だけでなく，公的機関の情報管理も解決しなければならない課題といえる。その深刻な事例として，日本へのサイバー攻撃の増加などがある。

　しかし，個人情報の流用に関するものは実際に些細なことで起きかねない。2005 年 4 月 1 日，個人情報保護法が制定された。これは現代の高度情報化社会が進む中で，個人情報の取り扱いが問題となったことに端を発する。社会的にもこの事態が重要視されたため，法令の制定に至ったものと考えられる。最近では，2015 年 9 月 3 日，個人情報保護法の改正も決まった。

　一方，メイソン（Mason, R., 1986）によれば，情報倫理の 4 つの基本的視点はプライバシー，データの正確性，所有，アクセスであるという（村田編，2004）。

　第 1 に，プライバシーは，自分自身や自分に関係する情報をどこまで他人に開示しなければならないかに関する問題である。また，開示にはどのようなセーフガードが必要なのかに関連するテーマでもある。第 2 に，データの正確性は，これは情報の出所，信頼性，正確性などについてだれが責任をもつのかに関する問題である。それによって損害を被った関係者にどう対応するのかに関わる課題である。第 3 に，所有は「情報は誰が所有するのか。何が情報交換における正当で公平な価値か。誰が情報交換の経路を所有するのか」という問いに関わる課題である。これは特に「情報が送受信される空間経路の所有はどうか。こうした希少資源の配分はいかにあるべきか」に大いに関連する。最後に，アクセスは「個人や組織はいかなる情報にアクセスする権利や特権があるのか」に関する課題である。メイソンによって取り上げられた課題は実際にプライバシー侵害，ウイルス，迷惑メール，架空請求，情報漏えい，誹謗中傷などの形で現れ，私達が実際の被害者になる可能性は年々高まっている。警視庁の発表によれば，サイバー犯罪の検挙件数は年々増加傾向にあるが，その中でも不正アクセス禁止法違反，コンピューター・電磁的記録対策犯罪，ネット利用犯罪が主な項目になっている。

第3節　サイバー犯罪への対策

　ここでは近年，深刻さを増しているサイバー犯罪について取り上げる。

　図表12－3が示しているように，「サイバー犯罪を受けたことがある被害」をみると，ホームページの改ざん（24.5％），電子メールの不正中継（不正送信，22.4％），ランサムウェア（12.2％），ウイルスによる情報流出（11.2％），ウイルス以外の情報流出（11.2％）という順で受けた被害が多いことが明らかになっている。ここでいうランサムウェアとは，身代金を意味するランサム（ransom）とソフトウェア（software）を組み合わせた造語である。ウイルスに感染した企業を対象に，ハッカーなどがあらかじめ設定したパスワードを教える代わりに身代金を要求する「暗号化ウイルス恐喝」犯罪として知られる。警視庁の2021年度の発表では，このランサムウェアによる被害が最も多かったことが明らかになった。さらに，警視庁の発表によれば，2021年度のサイバー犯罪の検挙件数は12,209件であり，過去最多を記録していることからも今後その対策の重要性が非常に問われている。

　ネット利用犯罪が大半を占める中で，不正アクセス禁止法違反，コンピューター・電磁的記録対策犯罪という順で検挙された比率が高いと思われる。ここでいう「不正アクセス禁止法」とは，インターネット上で定められた不正アクセス行為とその助長行為を禁止することに関する法律のことをいう。1999年に制定されたこの法律は，近年急増しているサイバー犯罪への規制強化のために2013年に改定されている。同法律によれば，不正アクセスとは，なりすまし行為，アクセス制御を免れる行為，制御を免れたパソコンで別のパソコンとサーバーを利用する行為という3つの行為を指すという。特に，2003年度に著作権侵害とウイルス拡散などの諸問題を引き起こしたファイル交換ソフトWinnyは，既存の法律や規制では対応不可能な領域として認識された。最初は世界中のユーザーが情報を共有し合うという趣旨から出発したとしても，それらを規制する制度的な不備が指摘された。さらに，サイバー犯罪の検挙率と関連して相談件数も，詐欺悪質商法に関する相談，迷惑メールに関する相談，名誉毀損・

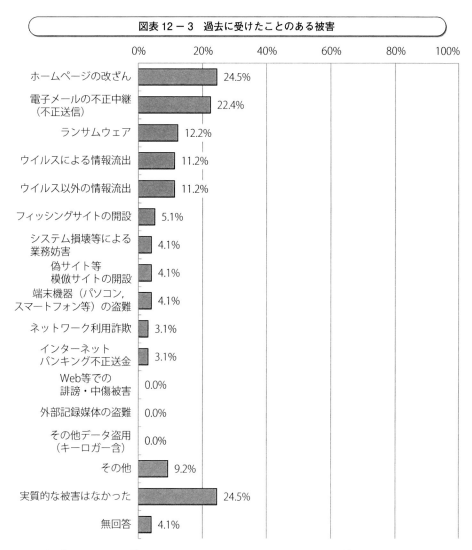

図表 12 － 3　過去に受けたことのある被害

被害	割合
ホームページの改ざん	24.5%
電子メールの不正中継（不正送信）	22.4%
ランサムウェア	12.2%
ウイルスによる情報流出	11.2%
ウイルス以外の情報流出	11.2%
フィッシングサイトの開設	5.1%
システム損壊等による業務妨害	4.1%
偽サイト等模倣サイトの開設	4.1%
端末機器（パソコン，スマートフォン等）の盗難	4.1%
ネットワーク利用詐欺	3.1%
インターネットバンキング不正送金	3.1%
Web等での誹謗・中傷被害	0.0%
外部記録媒体の盗難	0.0%
その他データ盗用（キーロガー含）	0.0%
その他	9.2%
実質的な被害はなかった	24.5%
無回答	4.1%

出所：警察庁サイバー警察局サイバー企画課「不正アクセス行為対策等の実態調査アクセス制御機能に関する技術の研究開発の状況等に関する調査」（https://www.npa.go.jp/bureau/cyber/pdf/R4countermeasures.pdf）2023 年 4 月 1 日閲覧。

誹謗中傷に関する相談，不正アクセスに関する相談という順にその実態の深刻さが把握されている。

第4節　AI 倫理

1　AI の動向

　情報化の進展とは別に，近年注目されている AI に関する動向から目が離せない。先述したように，日本語で「人工知能」と訳されている AI は，artificial intelligence の頭文字である。AI は歴史的に 1950 年代に発生した第 1 次ブームと，1980 年代に生じた第 2 次ブームの波があった。一方で，1990 年代後半から始まり，2010 年代以後に見られる第 3 次ブームはかつての二度の動きとはその影響力と波及力の面において非常に異なる傾向を見せている。GAFAM（ガーファム）という企業群に中心的に用いられているのが AI 技術である。彼らは世界各国のユーザーが自社のプラットフォームを利用しなければならない仕組みを強力に構築しているのが特徴である。

　AI の類型は，一般的に強い AI と弱い AI に区分される。この区分は「人間のような意識の有無」に基づき，「汎用人工知能」ともいわれる強い AI で特定分野でしか利用されない特化型 AI もある。例えば，1997 年に IBM のスーパーコンピューターの「ディープ・ブルー」が当時のチェスチャンピオンであったカスパロフ（Kasparov, G. K.）に勝利し，さらにその 18 年後の 2015 年には囲碁世界トッププロ棋士であった李世乭（イ・セドル）にアルファ碁（AlphaGo）が勝利した事件は世界を驚かせた。この出来事は，漠然と「AI が人間より優れた認知能力を持って，人間に代わって作業を行う時がいつかは訪れるであろう」と考えていた私たちの予想をはるかに超えるものであった。ここで取り上げたディープ・ブルーやアルファ碁は特化型 AI に該当する。一方で，Open AI 社は対話型言語モデルであるチャット GPT（Chat GPT）を開発し，2022 年 11 月に発表した。しかし，その利用をめぐってさまざまな可能性や問題点が浮き彫りにされ，今後その利用と開発に対する規制をいかに行うかが話題となっている。

　実際に，シンギュラリティ（technical singularity，技術的特異点）という概念が

米国の発明家であり思想家のレイ・カーツワイル（Kurzweil, R.）によって紹介され，科学的進歩が急激に進み，近未来に技術的特異点に到達するのではないかという予測もある。現在は人間の認知能力よりはるかに低いと評価されているものの，「ある時点では人間を越えるのではないか，またはそのような結果が人間労働に代替できる事態を招き，大量の失業につながるのではないか」という懸念すらあるのが現状である。

2　AI 倫理原則

　このような動向の中で，AI を適切に利用する方法についての議論も世界各国で巻き起こっている。特にその中心的な存在に AI 倫理原則があり，各国政府から民間団体まで実にさまざまなレベルでその原則が策定・公表されている（福岡，2022）。ここでいう AI 倫理原則とは，「AI の開発・利用に当たってそれらに関わっている者が考慮しなければならない項目」のことをいう。この AI 倫理原則には，「①人間の尊重，②多様性・包摂性の確保，③サステナビリティ，④人間の判断の関与，⑤安全性，セキュリティ，⑥プライバシーの尊重，⑦公平性，⑧アカウンタビリティ，⑨透明性を挙げること」がその普遍的な内容である。

　国際機関として AI 倫理原則のグローバルスタンダートとしているのが UNESCO の AI 勧告案，「OECD の AI 原則（OECD Principles on Artificial Intelligence）」，「AI に関するグローバルパートナーシップ」（global partnership on AI：GPAI）などである。

　そして米国電気電子学会（IEEE）の「倫理的に調和したデザイン第 1 版」（2019 年 3 月 25 日），欧州委員会の「信頼できる AI のための倫理ガイドライン」（2019 年 4 月 8 日）など地域別に AI を利用・開発するに当たっての基準を策定している動向が見られている。

　こうして世界各国や地域ごとに AI の利用や開発に関して規制する必要性を強く認識し始めているため，倫理原則やガイドラインを策定する動向があるが，未だに初歩的な段階に留まっているのが現状である。さらに国や地域によって重点を置いている分野もさまざまである。例えば，欧州では人間の権利や責任を重視しているのに対し，米国では AI による社会便益の最大化や自律型兵器な

図表 12 − 4　日本の AI 倫理原則

尊重すべき価値	AI 利活用 ガイドライン	国際的な議論の ための AI 開発 ガイドライン案	人間中心の AI 社会原則	人工知能学会 倫理指針
作成者	AI ネットワーク 社会推進会議 （日本）	AI ネットワーク 社会推進会議 （日本）	統合イノベーシ ョン戦略推進会 議（日本）	人工知能学会 （日本）
人間中心	○	○	○	
人間の尊厳	○	○	○	○
多様性，包摂性	○	○	○	○
サスティナビリ ティ（持続可能 な社会）	○	○	○	○
国際協力	○	○	○	
適正な利用	○	○		
教育・ リテラシー	○		○	
人間の判断の関 与，制御可能性	○	○	○	○
適正な学習	○			
AI 間の連携	○	○		
安全性	○	○	○	○
セキュリティ	○	○	○	
プライバシー	○	○	○	○
公平性	○	○	○	○
アカウンタ ビリティ	○	○	○	○
透明性・説明可 能性	○	○	○	○

出所：福岡（2022），55 ページを一部修正。

ど長期的リスクに積極的に関与している。そして日本では，AI の普及促進と人々の不安解消に重点が置かれているのが特徴である（福岡，2022）。近年，富士通やソニーが積極的に AI 倫理に取り組んでいるのが知られている[2]。例えば，富士通の場合，図表 12 − 5 が示しているように，AI システムを開発する際には，同社が策定している AI 倫理ガイドラインに照らし合わせて倫理上の影響を評価する方式を開発していることがわかる。同社のホームページを通して手順書や適用例，評価結果などを公開している。

　AI の利用と開発にあたって，政府機関によってその規制を実行するためには法律の制定が必要である。先述したように，AI の利用と開発をめぐる規制をいかに行うかについては，未だに法律などの政府規制の動向は見られていない。現在，世界各国で試験的に制定されている AI 倫理原則は，未だに法的な拘束力を有しない。情報倫理と同様，法律として国会で成立させるためには，政党間の利害を含むさまざまなステークホルダー間の合意形成のためのプロセスも必要であり，検討しなければならない課題も山積している。

214

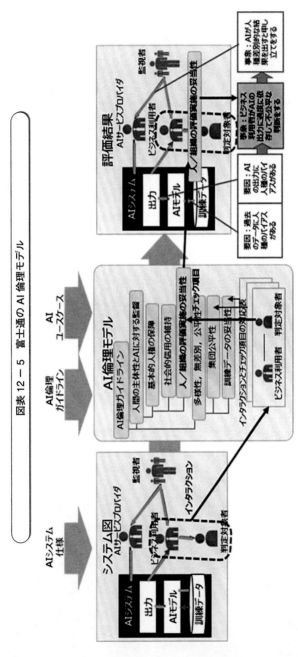

図表 12 − 5　富士通の AI 倫理モデル

出所：富士通ホームページ（https://pr.fujitsu.com/jp/news/）2023 年 4 月 4 日閲覧。

ケースで学ぶ　**フェイスブックの個人情報流出と不正疑惑事件**
　　　　　　　　─フェイスブックでは個人情報はいかに処理すべきなのか─

　SNS（ソーシャル・ネットワーキング・サービス）の代表的なツールとして広く知られているフェイスブックで近年，利用者の個人情報の流出や不正疑惑をめぐるさまざまな事件が後を絶たない。その中でも代表的な事例が個人情報の不正利用であろう。具体的には，研究者や企業が比較的アクセスしやすいフェイスブック利用者のデータを利用者本人に事前の許可を得ずに勝手に持ち出した事件であった。

　同事件の始まりは，イギリスケンブリッジ大学の心理学者かつ神経科学者であるアレクサンダー・コーガン氏が，フェイスブック利用者向けの性格診断アプリケーションを開発したことであった。そこで問題になったのは，コーガン氏が開発したアプリケーションをダウンロードした利用者 5,000 万人分のデータに対して，フェイスブックユーザーからの同意，それらの使用に関する通知，第三者への譲渡の事実の連絡など措置が何もなされていなかったことであった。

　さらに，コーガン氏によって加工・分析されたこれらのデータは，イギリスのデータ分析会社であるケンブリッジ・アナリティカ（Cambridge Analytica）社に無断で譲渡されていた。実際に，ケンブリッジ・アナリティカ社はそれらのデータを，2016 年度の米大統領選やイギリスの EU 脱退を決める国民投票など一国家の運命を左右する極めて重要な政治的議案に利用していたことが明らかになった。その後，これらの事態に対し，米議会がフェイスブック社の CEO であるザッカーバーグ氏の証人喚問を要請したり，欧州議会がケンブリッジ・アナリティカ社のデータ悪用を調査したりするなどの対応があった。

　しかし，フェイスブックは，これらの事件が発生する前の段階である 2014 年にすでに自社の方針として個人情報の不正利用を防止するための対策を導入していたことがわかった。

　近年，個人情報の保護と関連して特に注意を払っているのが，人間の生命に関わる分野や医療，心理学研究などである。これらの分野では，たとえ研究目的であろうともインターネット上の調査を禁じることが明文化されている。

　さらに，2018 年 9 月に発生した事件では，前回のような内部者が行った不正ではなく，外部のハッカーによる攻撃が原因で約 5,000 万人分のユーザーアカウントが乗っ取られたなどの脆弱性に関連する事件であった。攻撃を仕掛けたものが利用者のプロフィールをすべて閲覧可能な状態にしていたといわれ，それらの個人情報を悪用したさらなる被害が発生する可能性も否めないという。

　一方，日本における SNS の利用者数は，① LINE が 7,600 万人強（2018 年 12 月現在），②カカオトークが 4,984 万人（2017 年 11 月現在），③ツイッターが 4,500 万人（2017 年 10 月現在），④インスタグラムが 2,900 万人（2018 年 11 月現在），⑤フェ

イスブックが 2,800 万人（2017 年 9 月現在）という順となっているが，毎年増加する傾向を見せている。

📖 話し合ってみよう！

1. フェイスブックの個人情報流出と不正疑惑事件の背景について確認しよう。
2. 個人情報流出による具体的な被害は何か。
3. 企業で個人情報を保護するために，どのような方針が必要かについて調べよう。

まとめ

◎第 1 に，情報化には，狭義の情報化と広義の情報化がある。さらに，情報化の効果として「電子的伝達効果」「電子的仲介効果」「電子的統合効果」がある。

◎第 2 に，情報化の進展とともに，情報通信技術の開発や利用，すなわちコンピューティングの実践，ならびに ICT ベースの情報システムと情報サービスの社会・経済への普及・浸透に伴って発生する倫理問題をその考察の対象とする学際的な研究と実践の取組みである情報倫理が不可欠である。

◎第 3 に，AI 技術の急激な発展とともに，AI の開発と利用をめぐる AI 倫理原則の策定が重要な課題として取り上げられている。UNESCO の AI 勧告案，OECD の AI 原則，AI に関するグローバルパートナーシップなどは国際機関として AI 倫理原則のグローバルスタンダードとして知られているものである。

【注】

1）農業革命，産業革命に次ぐ大変革の時期として，技術が市民生活一般にまで浸透している時点を情報革命が訪れていると主張する人物にアルビン・トフラーがいる。彼は情報革命が始まった出来事としてキャッシュレジスターの登場を取り上げている。農業革命の基盤として土地が，産業革命の基盤として工場が革命を起こしたならば，情報革命には情報が革命を引き起こす端緒となるという。彼はこれを「第 3 の波」と呼んでいる（出所：ア

ルビン・トフラー著，鈴木健次・桜井元雄訳『第三の波』日本放送出版協会，1980 年）。
2）富士通の AI 倫理ガバナンスというタイトルで同社の取組について紹介している。
（https://www.fujitsu.com/jp/about/research/technology/ai/aiethics/）2023 年 4 月 4 日閲覧。
そしてソニーは，「AI の利活用と倫理」というタイトルで同社が自社内で取り組んでいる「AI イニシアチブ」について取り上げている。（https://www.sony.com/ja/SonyInfo/sony_ai/guidelines.html）2023 年 4 月 4 日閲覧。

参考文献

国領二郎『オープン・ネットワーク経営─企業戦略の新潮流』日本経済新聞出版，1995 年。
遠山曉・村田潔・岸眞理子『経営情報論 新版補訂』有斐閣，2015 年。
福岡真之介『AI・データ倫理の教科書』弘文堂，2022 年。
村田潔編『情報倫理』有斐閣選書，2004 年。
村田潔「特集『情報倫理』によせて」『経営情報倫理学会誌』経営倫理学会，2010 年，1-5 ページ。
村田潔・折戸洋子編著『情報倫理入門』ミネルヴァ書房，2021 年。
ルチアーノ・フロリディ，ラファエル・カプーロ，チャールズ・エス著，西垣通・竹之内正之禎訳『情報倫理の思想』NTT 出版，2005 年。
Mason, R. O. and Mason, F. M. and Culnan, M. J. (1964), "Four Ethical issues of the Information management", *MIS Quarterly*, Vol.10, No.1, pp.5-12.
Moor, J. H. (1985), "What is Computer Ethics?", *Metaphilosophy*, Vol.16, No.4, pp.266-275.
Wiener, N. (1950; 1954), *The Human Use of Human Beings: Cybernetics and Society*, Houghton Mifflin, Boston; 2nd ed. Doubleday Anchor, New York.

索　引

220

222

《著者紹介》

文　載皓（むん・ちぇほー）

　明治大学大学院商学研究科博士後期課程修了　博士（商学）
　現職　常葉大学経営学部准教授　日本経営倫理学会理事
　専攻　企業倫理　経営学

【主要著書】

『コーポレート・ガバナンスの国際比較』ミネルヴァ書房　2007 年（共著），『オンデマンド時代の企業経営』創成社　2008 年（共著），『企業倫理とコーポレート・ガバナンス』ミネルヴァ書房　2010 年（共著），『グローバル企業の経営倫理と CSR』中央経済社　2013 年（共著），『企業のサステナビリティ戦略とビジネス・クォリティ』同文館出版　2017 年（共著），『コーポレート・ガバナンス改革の国際比較 多様化するステークホルダーへの対応』ミネルヴァ書房　2017 年（共著），『現代の経営組織論』2023 年（編著）など

（検印省略）

2024 年 5 月 10 日　初版発行　　　　　　　　　　　　略称―企業倫理

現代の企業倫理

著　者　文　　載皓
発行者　塚田尚寛

発行所　東京都文京区　　株式会社　創 成 社
　　　　春日 2 - 13 - 1

　　　　電　話　03（3868）3867　　Ｆ Ａ Ｘ　03（5802）6802
　　　　出版部　03（3868）3857　　Ｆ Ａ Ｘ　03（5802）6801
　　　　http://www.books-sosei.com　　振　替　00150-9-191261

定価はカバーに表示してあります。

©2024 Jaeho Moon　　　　　　　　　　組版：スリーエス　印刷・製本：鴻
ISBN978-4-7944-2625-3　C3034
Printed in Japan　　　　　　　　　　　落丁・乱丁本はお取り替えいたします。

━━━━━━━━ 経営・マーケティング ━━━━━━━━

現代の企業倫理	文 載皓	著	2,700 円
現代の経営組織論	文 載皓	編著	2,800 円
働く人の専門性と専門性意識 ―組織の専門性マネジメントの観点から―	山本 寛	著	3,500 円
地域を支え，地域を守る責任経営 ―CSR・SDGs時代の中小企業経営と事業承継―	矢口義教	編著	3,300 円
供給の科学 ―サプライチェーンの持続的成長を目指して―	北村義夫	著	3,500 円
コスト激増時代必須のマネジメント手法 「物流コストの算定・管理」のすべて	久保田精一 浜崎章洋 上村聖	著	2,500 円
部品共通化の新展開 ―構造と推移の自動車企業間比較分析―	宇山通	著	3,800 円
ビジネスヒストリーと市場戦略	澤田貴之	著	2,600 円
イチから学ぶ企業研究 ―大学生の企業分析入門―	小野正人	著	2,300 円
イチから学ぶビジネス ―高校生・大学生の経営学入門―	小野正人	著	1,700 円
ゼロからスタート ファイナンス入門	西垣鳴人	著	2,700 円
すらすら読めて奥までわかる コーポレート・ファイナンス	内田交謹	著	2,600 円
図解コーポレート・ファイナンス	森直哉	著	2,400 円
流通と小売経営	坪井晋也 河田賢一	編著	2,600 円
ビジネス入門 ―新社会人のための経営学―	那須一貴	著	2,200 円
eビジネス・DXの教科書 ―デジタル経営の今を学ぶ―	幡鎌博	著	2,400 円
日本の消費者政策 ―公正で健全な市場をめざして―	樋口一清 井内正敏	編著	2,500 円
観光による地域活性化 ―サスティナブルの観点から―	才原清一郎	著	2,300 円

(本体価格)

━━━━━━━━ 創成社 ━━━━━━━━